T0102978

Printed in the United States
By Bookmasters

أساليـــب اتخـــاذ القــرارات
الإدارية الفعالة
Effective Managerial

Decision Making

أساليب اتخاذ القرارات

الإدارية الفعالة

Effective Managerial Decision Making

إعداد

سليم بطرس جلدة

الجامعة الأردنية/ ماجستير إدارة عامة

الطبعة الأولى

2009م/ 1430هـ

المملكة الأردنية الهاشمية

رقم الإيداع لدى دائرة

المكتبة الوطنية

(2008/6 /2083)

658,403

بطرس، سليم

أساليب اتخاذ القرارات

سليم بطرس _ عمان: دار الراية،2009.

ج 1 (202)ص.

ر.أ.: (2008/6/2083).

الواصفات: /اتخاذ القرارات // الإدارة التنفيذية/

ISBN 978-9957-499- 34- 1 : ردمك

* إعدادات دائرة المكتبة الوطنية بيانات الفهرسة والتصنيف الأولية

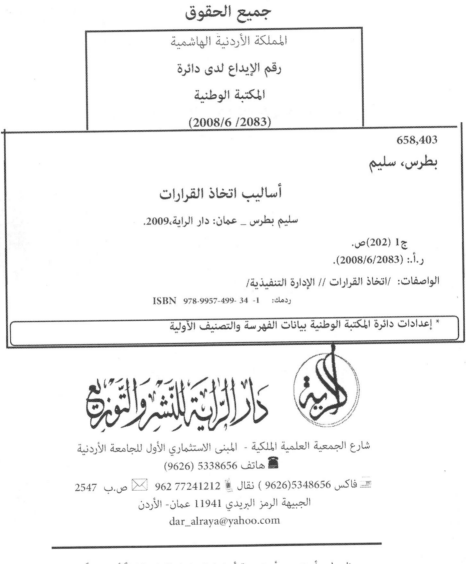

دار الراية للنشر والتوزيع

شارع الجمعية العلمية الملكية - المبنى الاستثماري الأول للجامعة الأردنية

☎ هاتف 5338656 (9626)

▭ فاكس 5348656(9626) ▯ نقال 962 77241212 ✉ ص.ب 2547

الجبيهة الرمز البريدي 11941 عمان- الأردن

dar_alraya@yahoo.com

المحتويات

مقدمة

Introduction

أن حياتنا اليومية مليئة بعشرات بل بمئات القرارات التي تتعلق بكافة شؤون الحياة، فبعضها يتعلق بالبيت والزوجة والأولاد، وبعضها بالدراسة والسفر، والبعض الآخر بشؤون العمل والتجارة أو شؤون السياسة والاقتصاد، وما شابه ذلك. فما دامت هناك مسائل تحتمل الإجابة عليها بنعم أو لا، أو تختلف وجهات النظر في تصريفها أو معالجتها، فإن هناك ما يحتاج إلى اتخاذ قرار بشأنه.

وفي دنيا الأعمال تزداد المشاكل والمسائل عدداً، وتتباين تعقيداً. فالمدير المسؤول يسعى لأن يجعل مرؤوسيه يعملون من أجل تحقيق الهدف المرسوم، وجعل المرؤوسين يعملون لذلك يقتضي معه اتخاذ قرارات لتوزيع الأدوار والأعمال عليهم وتحديد مسؤولية كل منهم وسلطاته، وتنظيم العلاقات، وتحقيق الانسجام فيما يوكل إليهم من أعمال.

لذلك فإن اتخاذ القرارات يعد من الموضوعات الهامة التي تلعب دوراً محورياً في كفاءة وفعالية المنظمة، وأحد أهم أسس الإدارة. وقد تم تقسيم موضوعات هذا الكتاب إلى الفصول التالية:

الفصل الأول: المفاهيم الأساسية في القرارات.

الفصل الثاني: مفهوم الترشيد، القرارات الرشيدة والقرارات الفعالة.

الفصل الثالث: العلاقة بين اتخاذ القرارات وحل المشكلات.

الفصل الرابـع: أساليب اتخاذ القرارات (التقليدية والكمية).

الفصل الخامس: أنواع القرارات الإدارية.

الفصل السادس: دور السياسة في صنع القرارات.

الفصل السابع: الاتصالات ودورها في صنع القرارات.

أتمنى من كل أعماق قلبي أن أكون قد وفقت في إعداد موضوعات هذا الكتاب، كما أتمنى أن يجد القارئ المثقف - عموماً - والمتخصص - خصوصاً - الفائدة والمتعة في قراءة هذا الكتاب.

الفصل الأول

المفاهيم الأساسية في القرارات الإدارية

---

* مفهوم القرار الإداري.

* أهمية موضوع اتخاذ القرارات.

* المقصود بالمدير متخذ القرار.

* العوامل المؤثرة في اتخاذ القرارات.

* صفات عملية اتخاذ القرارات.

المفاهيم الأساسية في القرارات الإدارية

إن عملية اتخاذ القرارات Decision Making هي جوهر الحياة برمتها، وعندما ننظر من منظار جزئي على مستوى المنظمة الإدارية يصبح القرار الإداري جوهر الحياة العملية وجوهر العملية الإدارية كمصطلح يعبر عن الإطار المنظم للحياة الإدارية المطلوبة. فهو إذن عصب الإدارة وقلبها النابض، وعملية اتخاذ القرارات هي من الوظائف الأساسية للمديرين وهي عملية مستمرة ومتغلغلة في الوظائف الأساسية للإدارة من تخطيط وتنظيم وتوجيه وغيرها.

● مفهوم القرار الإداري:

يتضح معنى القرار الإداري من خلال التعريفات المتعددة التي وضعها علماء الفكر الإداري.

فالقرار الإداري عند (تاننباوم وزميلاه ويشلر وماساريك) هو: "الاختيار الحذر والدقيق لأحد البدائل من بين اثنين أو أكثر من مجموعات البدائل السلوكية".

أما (نيجرو) Nigro فيعرفه على أنه الاختيار الواعي بين البدائل المتاحة في موقف معين.

ويعرفه آخرون بأنه اختيار أفضل البدائل المتاحة، بعد القيام بدراسة مستفيضة للنتائج المتوقعة من كل بديل وأثرها في تحقيق الأهداف المرغوبة[1].

ويحدد (برنارد) Bernard مفهوم عملية اتخاذ القرار بأنها عملية تقوم على الاختيار المدرك للغايات التي لا تكون في الغالب استجابات أوتوماتيكية أو ردود فعل مباشرة.

---

[1] خليل الشماع وآخرون، مبادئ الإدارة، ص101.

كذلك يمكن تعريف عملية اتخاذ القرارات بأنها عبارة عن عملية اختيار حل معين من بين حلين أو أكثر من الحلول المتاحة في بيئة العمل، أي أنها تنتهي إلى تفضيل حـل أو بديل مناسب من بين عدد من البدائل المتاحة، ويتم ذلك بعد أن يقوم المدير متخـذ القرار بتحديد المشكلة وتحديد بدائلها وحلها.

وعليه، فإنه يمكن النظر إلى عملية اتخاذ القرارات علـى أنها وظيفـة أو سـلوك يتمركز على الاختيار بين البدائل المتاحة وتقييمها وفقاً للمعلومـات والبيانـات في بيئة العمل والمتعلقة بالمشكلة بحثاً عن البديل المناسب الذي يحقق الهدف المرغوب.

وتجدر الإشارة إلى أن مصطلحا اتخاذ القرارات وصنع القرارات يستخدمان كثيراً كمصطلحان مترادفان يشيرا إلى نفس المعنى، والقرارات ينبغي ألا تتخذ لمجرد إرضاء الناس إذ أنها تتعلق بالمستقبل المجهول الذي يتضمن المخاطرة.

- **أهمية موضوع اتخاذ القرارات:** Importance of Decision Making

إن موضوع اتخاذ القرارات يحظى في حياتنا اليومية بأهمية خاصة مـن النـاحيتين العلمية والعملية.

فبالنسبة لأهمية اتخاذ القرارات على مستوى الفرد فإنها تبرز مـن خـلال العديـد من القرارات التي يتخذها الفرد في حياته اليومية التي يتـأثر بهـا وتـؤثر علـى الآخرين. فوظيفة المدير التنفيذي مثلاً تتصف باتخاذ القرارات أو تأجيلها أو عـدم اتخاذهـا فهـو يتخذ قراراً عندما يوقع خطاباً أو يجيب على سؤال أحد مرؤوسيه، أو حـين يعـين رئيساً لقسم أو يوافق على إجازة موظف، أو يفرض غرامة، أو يحفز موظف... الخ.

أما بالنسبة لأهمية اتخـاذ القرارات علـى مستوى الجماعـات الصغيرة فهـي قـد حظيت بأهمية بالغة حيث أنها تبرز مـن تـأثر سـلوك الفرد عضو المجموعـة الصغيرة بسلوك الأفراد أعضاء الجماعـات الإنسانية التي ينضم إليهـا، ولعل تجـارب العلاقـات الإنسانية في الصناعة تعد خـير دليـل علـى أهميـة الجماعـات الإنسانية في المنظمات

14

الإدارية، والجماعة الإنسانية هي خلية لمنظمة لها مناخ عمل وبيئة تشكل سلوك الفرد فيها من حيث القيم والتوقعات والمعايير، وهذه بمجموعها تؤثر في القرارات والسياسات التنظيمية العامة في المنظمات الإدارية. ومن أمثلة الجماعات الصغيرة هناك اللجان، والمجالس، والأسرة، والنقابات، والنوادي، والجمعيات المهنية وغيرها.

أما بالنسبة لأهمية اتخاذ القرارات على مستوى المنظمة، فإن أهمية اتخاذ القرارات تتزايد بتزايد درجة تعقيدها نتيجة لتضخم حجم المنظمات وانفتاحها على البيئات المختلفة، ولسرعة التغييرات التي أصبحت تتميز بها الحياة العامة. ويعود السبب في أهمية اتخاذ القرارات التنظيمية إلى كونها تتأثر وتؤثر على الأفراد والجماعات داخل التنظيم وخارجه فتؤثر بالتالي على الوضع الاجتماعي والاقتصادي في المجتمع ككل.

كذلك فإن اتخاذ القرارات لها أثراً كبيراً في حياة المنظمات حيث يرتبط موضوع اتخاذ القرارات بنشاطات العملية الإدارية من تخطيط وتنظيم وقيادة واتصالات وغيرها، كما يرتبط بالسلوك التنظيمي حيث يتناول اتخاذ القرارات الجوانب السلوكية لعملية اتخاذ القرارات والعلاقات الشخصية والتنظيمية المؤثرة في القرار. بالإضافة لذلك فقد أعطت ممارسة اتخاذ القرارات تركيزاً لأهمية المنظمة، وإلى الاهتمام بالبحوث والدراسات المتعلقة بعملية اتخاذ القرارات في العلوم السلوكية وغيرها.

فهناك المساهمات العديدة من علماء النفس والمهتمين بالعمليات المعرفية أي التعلم عن طريق الفهم والتي تتصف بالتركيز على قدرات وحدود العنصر البشري في معالجة المعلومات واختيار البدائل.

ومن ناحية أخرى فإن عملية اتخاذ القرارات تتطلب تحليل كمي يعتمد على الطرق الرياضية المختلفة لتحقيق أكبر قدر ممكن من النتائج المرجوة، حيث يستدعي ذلك استخدام النماذج الرياضية ونماذج اتخاذ القرارات التي تساعد المدير متخذ القرار

على اتخاذ القرار الذي يحقق الأهداف المرغوبة مع مواجهة المعوقات المحيطة بالقرار. وبالتالي تحديد طريقة تحسين وتطوير عملية اتخاذ القرارات بصورة فعالة[1].

ومن واقع ذلك كله، نجد بأن هناك تطورات نظرية أخرى في اتخاذ القرارات تهتم بدمج العناصر السلوكية والتحليل الكمي لاتخاذ القرارات مع بعضها، في حين ينظر إليها سابقاً على أنهما مجموعتين مستقلتين، وبأن المفاهيم الكمية غير قابلة للدمج مع النظريات الوصفية للعلوم السلوكية.

لذلك فقد انعكس هذا الانقسام على القرارات الإدارية في شكلين: نوعي وكمي. فالنهج التحليلي **النوعي** يعتمد بشكل أساسي على تقدير المدير متخذ القرار وخبرته وحكمه الشخصي. أما النهج **الكمي** فيركز فيها المدير متخذ القرار على الحقائق الكمية أو البيانات المرافقة للمشكلة موضوع الدراسة، ويطور مصطلحات رياضية تمثل الأهداف والمعوقات والعلاقات التبادلية الموجودة في المشكلة، ثم باستعمال طريقة أو أكثر من طرق التحليل الكمي فإن قرار المدير متخذ القرار يعتمد على الجوانب الكمية للمشكلة.

وينبغي الإشارة إلى أن تدريس موضوع اتخاذ القرارات في الجامعات أخذ في الماضي أحد اتجاهين: الاتجاه السلوكي أو الاتجاه الكمي. ولعل ما نلاحظه اليوم من توسع في طرح مقررات دراسية في اتخاذ القرارات تتضمن مفرداتها كل من المفاهيم السلوكية والكمية معا لهو دليل على ذلك.

---

[1] محمد ياغي، اتخاذ القرارات التنظيمية، ص5.

● المقصود بالمدير متخذ القرار: Decision Maker

يحتاج المدير بصفة عامة إلى اتخاذ القرارات الإدارية لأن عملية اتخاذ القرار تعد من صميم عمل المدير أو القائد. وبصفة خاصة في الظروف الطارئة التي تتسم بالحداثة والتي تحتاج إلى التفكير الابتكاري المتطور الذي بدوره يتطلب تمتع المدير بالمهارات القيادية اللازمة لمواجهة الظروف الطارئة، لكي يتمكن من اتخاذ القرار المناسب بسرعة تجنباً لتفاقم المشاكل. وذلك لأن عنصر ـ الخبرة قد لا يسعف المدير في ظل الظروف الطارئة، فيكون اعتماد المدير كلية على مهاراته وقدراته الذاتية في اتخاذ القرار في الظروف الطارئة[1].

والمدير متخذ القرار قد يكون فرد أو جماعة أو منظمة أو حتى مجتمع. والقرارات وفقاً لهذا التحديد تتخذ على جميع المستويات، ومهما كان المستوى في القرارات التي يتم اتخاذها فإنها تتبع أصلاً عملية الاختيار التي تتم من خلال الأفراد الذين يشكلون المستوى، فالقرارات التنظيمية تكون في العادة نتيجة لسلسلة متصلة ومتداخلة من القرارات موزعة عبر قنوات الاتصال في مختلف مستويات المنظمة. وعلى أية حال، فإذا كان للأفراد فرصة "الاختيار" فهم متخذي قرارات[2].

وإذا أردنا التعرف على من يتخذ القرارات الفعلية في المنظمات الإدارية، فإنه من الضروري أن نتعرف على عمل المدير الفعلي. فالمدير الناجح حسب أشهر البحوث العلمية الحديثة والتي أجراها "توماس بيترز" Thomas Peters و"روبرت وترمان" Robert Waterman عام 1982 في الولايات المتحدة الأمريكية هو: القائد المشارك والميسر والمتفائل المشجع، وبدلاً من الوظائف التي كان يوصف بها عمله اليومي والمتمثلة في التخطيط والتنظيم والتوظيف والتوجيه وغيرها.

---

[1] سعد الهذلي، مهارة القائد الأمني في اتخاذ القرار في الظروف الطارئة، ص8.
[2] Allison G., Essence of Decision: Explaining The Cuban Missile Crisis, P.6.

17

ومن أشهر البحوث المعاصرة أيضاً في هذا المجال البحث الـذي أجـراه (منتزبـرغ) Mintzberg – أحد أشهر علماء الإدارة – عام 1975 في الولايات المتحدة الأمريكية حيث وجد أن السلطة الرسمية التي تُمنح للمدير تؤدي إلى قيادة القوى العاملـة وهـذه تـؤدي إلى الاتصال، ومن القيادة والاتصال يأتي دور المدير في اتخاذ القرارات.

ومن خلال ما تقدم، نستطيع تسمية المدير الذي يتخذ القرارات الإداريـة بالمـدير متخـذ القرارات Decision Maker. ولكن ذلك لا يعني أن كـل مـدير يعتبر متخـذ قرارات، كما أن ليس كل متخذ قرار يعتبر مـدير Manager، والسـبب في ذلك أن هنـاك أفراد في المنظمات الإدارية ليسوا مديرين ولكن يؤثرون في عمليـة اتخـاذ القرارات، كـما أنهم يتخذوا قرارات شخصية. وخير مثـال عـلى ذلك، أن قرارات الإدارة العليا الفعالة مبنية على سلوك وتصرفات أفراد الإدارة الوسـطى، فالإدارة الوسـطى تسـاهم فعلياً في اتخاذ القرارات الواقعية، وهذه المساهمة تتمثل في إبـداء الـرأي أو تقديم اقتراحـات أو إعطاء توصيات، فالقرارات التي تتخذ على مستوى الإدارة العليا هي أصلاً اقتراحات تنبع من المستويات الإدارية في أسفل الهيكل التنظيمي.

إن متخذ أو صانع القرار إذن هو الشخص المسؤول عن اختيار مسار فِعل أو عمل معين يؤدي إلى حل مشكلة معينة ضمن إطار مسؤولياته وصلاحياته. وصانعي القـرار المثاليين هم الذين يحاولون استعمال جميع مواهبهم وقدراتهم، ويتأثرون بشكل رئيسي- بمبرر وحكم صحيحين.

● العناصر اللازمة لوجود القرار:

عرفنا فيما سبق أن اتخاذ القرار هو اختيار البديل الأمثل من بين البدائل المتاحة، وبالتالي فإن هناك عنصرين رئيسيين في القرار وهما:

1. البدائل المتاحة:

إن وجود القرار الإداري يتطلب أن يوجد في موقف معين أكثر من طريق لمواجهته وهذه الطرق أو المسالك هي التي تسمى بدائل Alternatives، ولا بد لوجود القرار من وجود بديلين اثنين كحد أدنى للحل يكون الشخص ملزماً بالاختيار بينهما. فإذا لم يكن هناك غير حل واحد يجب سلوكه حتماً، لم نكن بصدد قرار. فالمدير عندما يرقي موظفاً يوجب عليه القانون ترقيته بعد مدة معينة لا يتخذ قراراً لأنه لا يستطيع إلا ترقية هذا الموظف، فهو لا يتطلب هنا جهداً أو تفكيراً في سبيل مقارنته بغيره، إذ ليس أمامه سوى القبول بهذا الخيار.

ولكن عندما تتعدد البدائل تكمن الصعوبة بل ويكمن دوره في اختيار البديل الأمثل والأنسب وهذا يتطلب دراسة هذه البدائل من النواحي المالية والاجتماعية والسياسية وغيرها. مثال ذلك قيام المدير باختيار أحد الأشخاص من بين ثلاثة تقدموا لشغل وظيفة شاغرة كل منهم يصلح لشغلها، فهو هنا سيتخذ قراراً من بين ثلاثة بدائل متاحة.

والقرار الذي يتخذ - بعدم اتخاذ قرار - يعتبر قراراً، لأنه لم يتم بطريقة لا شعورية بل نتيجة دراسة وإقتناع. فمتخذ القرار في مثل هذه المواقف يُقدِم على اتخاذ القرار وتكون لديه الرغبة في ذلك، ولكن لظروف معينة - قد ترجع إلى عدم وضوح اللوائح أو النصوص - يتوصل إلى عدم اتخاذ قرار في المشكلة. كما أن هذا القرار - بعدم اتخاذ قرار - لا يعني أن المدير ليس لديه الكفاءة التي تمكنه من اتخاذ القرار، ما دام أن اتخاذ القرار قد تم بناء على دراسة وافية للمشكلة. إذ أن (برنارد) Bernard مثلاً من

خلال تحليله لما أسماه "بالقرارات السلبية" Negative Decisions توصل إلى تحديد المواقف التي تقتضي عدم اتخاذ قرار فيها على النحو التالي [1]:

أ. عدم اتخاذ قرارات في مسائل غير مناسبة لاتخاذ القرار نحوها في وقت معين.

ب. عدم اتخاذ قرارات بشكل ارتجالي، أو قبل أن ينضج الحل في ذهن متخذ القرار بمعنى تلافي قتل الاتجاهات أو تنمية الأفكار السيئة.

ج. عدم اتخاذ قرارات من الصعب وضعها موضع التنفيذ، أو إذا نفذت تكون عديمة الجدوى.

د. عدم اتخاذ قرارات من شأن الآخرين اتخاذها لما لديهم من تخصص وخبرة في مجال المسألة محل القرار. وهذا فيه صيانة ودعم للروح المعنوية، وتثبيت للمسؤولية، والإبقاء على السلطة، والالتزام بمبدأ الاختصاص في ممارسة الوظيفة.

2. الاختيار الواعي لأحد البدائل المتاحة:

يتطلب وجود القرار أن يتم اختيار مدرك أو واعي لأحد البدائل المتاحة، وهذا يقتضي أن يكون التصرف في اختيار البديل شعورياً أي عن وعي وإدراك وبعد دراسة وتفكير. أما إذا كان التصرف لاشعورياً في اختيار البديل، فهذا يعني أنه لا يتم بعد دراسة وتفكير، وبالتالي يخرج عن كونه قراراً.

ولعل أفضل من قدم تحليلاً للتصرفات الشعورية واللاشعورية في مجال اتخاذ القرارات من خلال تحليله لتصرفات الأفراد بشكل عام هو (برنارد) Bernard عندما قال أنه عندما نكون بصدد اتخاذ قرار يكون هناك عنصران: الغاية المراد تحقيقها، والوسيلة التي ينبغي استخدامها. وأن التصرفات التي تأتي نتيجة التدبر والحساب والتفكير تمثل تصرفاً شعورياً، وهو أحد العناصر الأساسية للقرار. أما التصرفات التي تكون استجابات أوتوماتيكية أو رد فعل مباشر للظروف الداخلية والخارجية فهي

---

[1] نواف كنعان، اتخاذ القرارات الإدارية (بين النظرية والتطبيق)، ص85.

تصرفات لا شعورية تخرج من مفهوم القرار، ومثال ذلك معظم العادات التي تتكون لدى الأفراد وتتأصل كتناول الشخص طعام الإفطار كل يوم كعادة متواصلة.

من ناحية أخرى يرى آخرون أن هناك مجموعة من العناصر الأساسية المؤثرة في ظروف القرار، وهذه العناصر يمكن إجمالها فيما يلي[1]:

- **حالة الطبيعة:**

ويشير هذا العنصر إلى الظروف البيئية لصانع القرار والتي تؤثر على اختياره، وقد صنفت هذه الظروف إلى ظروف داخلية وأخرى خارجية.

ومن الظروف الداخلية التي تؤثر على متخذ القرار:

أ. **مكونات الفرد التنظيمية**، وتشمل:

1. حصيلة الفرد التعليمية والتكنولوجية ومهاراته.
2. مهارات الفرد الإدارية والتكنولوجية السابقة.
3. اهتمام الفرد ومدى التزامه في تحقيق أهداف المنظمة.
4. أساليب العلاقات السلوكية بين الأفراد.
5. مدى ملائمة الموارد البشرية للاستخدام في المنظمة.

ب. **مكونات الوحدات الوظيفية والاستشارية التنظيمية**، وتشمل:

1. الصفات التكنولوجية للوحدات التنظيمية.
2. العلاقة المتبادلة بين الوحدات التنظيمية في تحقيقها لأهدافها.
3. الصراع بين الوحدات الوظيفية والاستشارية داخل المنظمة.
4. الصراع بين الوحدات الوظيفية والاستشارية في المنظمات المختلفة.

ج. **مكونات المستوى التنظيمي**، وتشمل:

---

[1] محمد الصيرفي، القرار الإداري ونظم دعمه، ص121.

1. الأهداف التنظيمية العامة والخاصة، أي الأهداف العامة على مستوى المنظمة والخاصة على مستوى الإدارات في المنظمة.

2. عملية التكامل، أي تكامل الأفراد والجماعات في المساهمة القصوى لتحقيق الأهداف التنظيمية.

3. طبيعة سلعة أو خدمة المنظمة.

ومن الظروف الخارجية التي تؤثر على متخذ القرار نجد مثلاً:

أ. **مكونات العميل**، وتشمل:

1. موزعي السلعة أو الخدمة.

2. مستعملي السلعة أو الخدمة الحقيقيين.

ب. **مكونات المورد**، وتشمل:

1. موردي مواد جديدة.

2. موردي معدات.

3. موردي أجزاء مصنعة.

4. مزودي أيدي عاملة.

ج. **مكونات المنافسة**، وتشمل:

1. منافسون على الموردون.

2. منافسون على العملاء.

د. **مكونات الاجتماع السياسي**، وتشمل:

1. الرقابة الحكومية المنظمة على الصناعة.

2. اتجاه السياسة العامة نحو الصناعة وسلعتها المحددة.

3. العلاقة مع نقابات العمال ونطاق سلطة هذه النقابات في المنظمة.

هـ المكونات التكنولوجية، وتشمل:

1. مقابلة المتطلبات التكنولوجية الجديدة في الصناعة الواحدة والصناعات ذات العلاقة في إنتاج السلعة أو الخدمة.

2. تحسين وتطوير سلع جديدة عن طريق تنفيذ تكنولوجيا جديدة متقدمة في الصناعة.

● **العوامل المؤثرة في اتخاذ القرارات:** Factors Affecting The Decision Making

على الرغم من تعدد القرارات التي قد يتخذها المدير في اليوم الواحد فإن العوامل المؤثرة في عملية اتخاذ القرارات تزيد من صعوبة وكلفة هذه العملية، وإذا ما تداخلت هذه العوامل بقوة فإنها تقود أحياناً إلى قرارات خاطئة. ولهذا فإن اتخاذ أي قرار مهما كان بسيطاً وذات أثر ومدى محدودين، فإنه يستلزم من الإدارة التفكير في عدد من العوامل مختلفة التأثير على القرار، بعضها داخل التنظيم وبعضها من خارج التنظيم، وبعضها سلوكي أو إنساني، بالإضافة إلى عوامل كمية أخرى ترتبط بالتكلفة والعوائد المتوقعة... الخ.

وفيما يلي عرضاً لمختلف العوامل التي تؤثر في عملية اتخاذ القرار[1]:

1. **عوامل البيئة الخارجية:** External Environment

وتتمثل هذه العوامل في الضغوط الخارجية القادمة من البيئة المحيطة التي تعمل في وسطها المنظمة والتي لا تخضع لسيطرة المنظمة بل أن إدارة المنظمة تخضع لضغوطها، وتتمثل هذه العوامل بما يأتي:

أ. الظروف الاقتصادية والسياسية والمالية السائدة في المجتمع.

ب. التطورات التقنية والتكنولوجية والقاعدة التحتية التي تقوم عليها الأنشطة الاقتصادية.

ج. الظروف الإنتاجية القطاعية مثل المنافسين والموردين والمستهلكين.

---

[1] كاسر المنصور، نظرية القرارات الإدارية: مفاهيم وطرائق كمية، ص35.

د. العوامل التنظيمية الاجتماعية والاقتصادية مثل النقابات والتشريعات والقوانين الحكومية والرأي العام والسياسة العامة للدولة وشروط الإنتاج.

هـ درجة المنافسة التي تواجه المنظمة في السوق.

وهذه العوامل ترتب على إدارة المنظمة اتخاذ قرارات لا ترغب فيها أو ليست في مصلحتها دائماً، فمثلاً إذا كان القرار المتخذ قد تم اتخاذه تحت ظروف سياسية أو ذات طابع اجتماعي فمن الصعب استخدام المنطق الحر الفعال في اتخاذ القرارات الحكومية المبنية على معيار اقتصادي. إلا أن ذلك لا يعني أن لا يقوم صانعو القرارات الإداريين وغيرهم بدراسة عميقة للمسائل والمشكلات واستخدام إجراءات منظمة وأحكام فعالة تمكنهم من الوصول إلى استنتاجاتهم، ولكنه يعني أن إجراءات القرارات لا يمكن اعتمادها دون وضع عوامل الواقع الذي تعمل فيه المنظمة بالحسبان.

2. **عوامل البيئة الداخلية:** Internal Environment

وتتمثل بالعوامل التنظيمية وخصائص المنظمة، ومن أهم هذه العوامل:

أ. عدم وجود نظام للمعلومات داخل المنظمة يفيد متخذ القرار بشكل جيد.

ب. عدم وضوح درجة العلاقات التنظيمية بين الأفراد والإدارات والأقسام.

ج. درجة المركزية، وحجم المنظمة ومدى انتشارها الجغرافي.

د. درجة وضوح الأهداف الأساسية للمنظمة.

هـ مدى توافر الموارد المالية والبشرية للمنظمة.

و. القرارات التي تصدر عن مستويات إدارية أخرى.

3. **عوامل شخصية ونفسية:** Decision Maker Influence

وهذه العوامل تشمل كل من له علاقة باتخاذ القرار ابتداءً بالإداري متخذ القرار ومستشاريه ومساعديه الذين يشاركونه في صنع القرار. وهذه العوامل تنقسم إلى نوعين هما:

أ. عوامل نفسية:

وهذه العوامل تتعدد فمنها ما يتعلق ببواعث داخلية للشخص، ومنها ما يتعلق بالمحيط النفساني المتصل به وأثره في عملية اتخاذ القرار، وبخاصة في مرحلة اختيار البدائل من بين مجموعة البدائل المتاحة.

ب. عوامل شخصية:

وهذه العوامل تتعلق بشخصية متخذ القرار وقدراته. وهناك الكثير منها يؤثر في عملية اتخاذ القرارات، فالقرار يعتمد على الكثير من المميزات الفردية والشخصية للفرد التي تطورت معه قبل وصوله للتنظيم، وعليه تشكل عمليات اختيار الأفراد وتدريبهم عوامل مهمة في نوعية القرارات المتخذة في التنظيم.

إن السلوك الشخصي يؤثر تأثيراً مباشراً في كفاية صناعة القرار، فكل مدير له أسلوبه حتى لو تساوت الكفايات والمهارات. ويرى (ريموند مكليود) أن هناك ثلاثة أبعاد أساسية لإتاحة الفرصة للاختلافات الفردية من مدير لآخر وهذه الأبعاد هي:

- أسلوبهم في الإحساس بالمشكلة.

- أسلوبهم في تجميع المعلومات.

- أسلوبهم في استخدام المعلومات.

وبالنسبة لأسلوب الإحساس بالمشكلة ينقسم المديرون إلى ثلاث فئات أساسية هي: متجنب للمشكلات، وحلال للمشكلات، وباحث عنها.

كما أن أنماط السلوك تؤثر تأثيراً مباشراً على القرار، ويتم تصنيف أنماط السلوك للمديرين إلى أربعة أنماط وهي: المجازفة، الحذر، التسرع، والتهور.

4. **عوامل أخرى، مثل:**

أ. تأثير عنصر الزمن: Time Influence

حيث يشكل عنصر ـ الـزمن ضـغطاً كبـيراً عـلى متخـذ القـرار، فكلـما زادت الفـترة الزمنية المتاحة أمام متخذ القرار لاتخاذ قراره كلما كانت البدائل المطروحة أكثر والنتـائج أقرب إلى الصواب وإمكانية التحليل للمعلومات متاحة أكثر. وكلـما قلت الفـترة الزمنيـة المتاحة أمام متخذ القرار، كلـما تطلـب منـه السـرعة في البـت في القرار مـما يقلـل مـن البدائل المتاحة أمامه. ويمكن تمثيل عنصر الزمن بيانياً في الشكل التالي[1]:

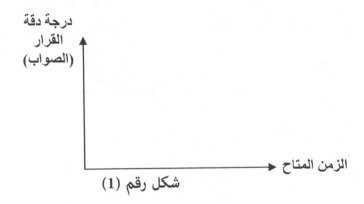

درجة دقة القرار (الصواب)

الزمن المتاح

شكل رقم (1)

أثر عنصر الزمن على متخذ القرار

ب. تأثير أهمية القرار: Decision Significance Influence

فكلما ازدادت أهمية القرار ازدادت ضرورة جمع المعلومات الكافية عنه، وتتعلـق الأهمية النسبية لكل قرار بالعوامل الآتية:

- عدد الأفراد الذين يتأثرون بالقرار ودرجة التأثير.

---

[1] كاسر المنصور، نفس المرجع السابق، ص38.

- كلفة القرار والعائد، حيث تزداد أهمية القرار كلما كانت التكاليف الناجمة عنه أو العائد المتوقع الحصول عليه نتيجة هذا القرار مرتفعاً.

- الوقت اللازم لاتخاذه، فكلما ازدادت أهمية القرار احتاج الإداري إلى وقت أطول ليكتسب الخبرة والمعرفة بالعوامل المختلفة المؤثرة على القرار.

وفي ذات السياق، يمكن القول أن اتخاذ القرارات يتحقق بثلاث عوامل هي:

1. التحديد: هو نتيجة لكل قرار اختياري وهو معروف مسبقاً، وهذا نادراً ما يحصل في عالم الأعمال.

2. المخاطرة: بطبيعة الحال توجد لكل قرار اختيار واحتمالات لنتائج غير متوقعة، والمخاطرة يمكن أن تكون ناجمة من جراء الآتي:

أ. نقص بالمعلومات اللازمة لحل المشكلة.

ب. عدم دقة التقديرات.

ج. نقص بالمعلومات حول النموذج المستخدم.

3. الغموض: وهو النقص في المعلومات الوثيقة بالقرار.

صفات عملية اتخاذ القرارات:

إن الصفات أو السمات المميزة لعملية اتخاذ القرارات يمكن إجمالها في النقاط التالية[1]:

1. أنها عملية قابلة للترشيد[2]:

حيث أن هذه العملية تقوم على افتراض مؤداه أنه ليس بالإمكان الوصول إلى ترشيد كامل للقرار، بل يمكن الوصول إلى حد من المعقولية والرشد. كما أن عملية اختيار البديل الملائم تتم على خطوات متعددة ومختلفة وتحت ظروف وعوامل متباينة، الأمر الذي يجعل من غير الممكن وجود معلومات دقيقة وتنبؤ دقيق بالأحداث تمكن

---

[1] نواف كنعان، مرجع سابق، ص87.
[2] سيتم تناول موضوع الترشيد والقرارات الرشيدة في الفصل اللاحق.

متخذ القرار من اختيار البديل الأمثل. بالإضافة إلى أن تعدد الأهداف وتداخلها وتعارضها أحياناً تبعد هذه العملية عن اعتبارها عملية حسابية قابلة للقياس والتحديد الدقيق.

2. أنها عملية تمتد في الماضي والمستقبل:

وتنبع هذه الصفة من كون القرار الإداري هو امتداد واستمرار لقرارات أخرى سبق اتخاذها، بل ويعتبر حلقة متصلة من سلسلة قرارات، حتى يكون من الصعب في كثير من الأحيان تحديد القرار الأصلي من بين مجموعة القرارات المتخذة، حيث يبدو كل قرار مرتبط بقرار آخر اتخذ من قبل.

كذلك فإن عملية اتخاذ القرارات تمتد في المستقبل من حيث كون آثار القرار تعود على المستقبل. ولذلك فإن من العوامل الحاسمة في اتخاذ القرار هي درجة تأكد متخذ القرار من احتمالات نجاح القرار في تحقيق الهدف المنشود، وأنواع التأثيرات المتوقعة نتيجة لتنفيذ القرار ومدى هذه التأثيرات وانعكاساتها على جوانب العمل الأخرى.

3. أنها عملية تقوم على الجهود الجماعية المشتركة:

حيث ينظر إلى عملية القرارات على أنها نتاج جهد مشترك يبرز من خلال مراحلها المتعددة وما تتطلبه هذه المراحل من إعداد وتحضير وجمع معلومات وتحليل لهذه المعلومات وتقييمها وتنفيذ القرار وما يتطلبه التنفيذ من جهود مشتركة. وقد برزت هذه الصفة لعملية اتخاذ القرارات بشكل واضح بعد التطورات التي شهدتها التنظيمات الإدارية الحديثة وما رافق هذا التطور من تشابك وتعقد لنشاطاتها، وبالتالي تعقد وصعوبة المشاكل الإدارية التي سببها هذا التطور وكل ذلك اقتضى ـ الجهود المشتركة لمواجهتها.

4. أنها عملية تتسم بالعمومية والشمول:

فهي تتصف بالعمومية من حيث أن نوع القرارات وأسس وأساليب اتخاذها تكاد تكون عامة بالنسبة لكافة المنظمات الإدارية، فهي صالحة للتطبيق على المنظمات الإدارية على اختلاف أنماطها سواء أكانت منظمات تجارية أو صناعية أو خدمية. وهي أيضاً تتصف بالشمول من حيث أن القدرة على اتخاذ القرارات ينبغي أن تتوافر في جميع من يشغلون المناصب الإدارية على اختلاف مستوياتها العليا والوسطى والدنيا.

5. أنها عملية ديناميكية مستمرة:

وتبرز صفة الحركية في هذه العملية من خلال كون هذه العملية تنتقل من مرحلة لأخرى وصولاً لتحقيق الهدف المنشود الذي يسعى إليه متخذ القرار. كذلك فإن المشكلة محل اهتمام متخذ القرار يكون طابعها غالباً التغيير المستمر من مرحلة لأخرى تبعاً لمتغيرات وظروف معينة كتغير نوعية وكمية المعلومات المتاحة لمتخذ القرار مثلاً، يضاف لذلك أن التغير المستمر للمشكلة محل القرار يفرض على متخذ القرار متابعة هذا التغيير بشكل مستمر.

6. أنها عملية معقدة وتتسم بالبطء أحياناً:

وهذه الصفة تعود إلى كون متخذ القرار يخضع لقيود متعددة وهو بصدد اتخاذ القرار بعضها قانونية، وبعضها نابع من الضغوط التي يتعرض لها، وبعضها نابع من المرؤوسين أو غيرهم ممن يمسهم القرار.

كذلك فإن عملية اتخاذ القرارات تتسم بالبطء أحياناً، لكونها تستغرق وقتاً طويلاً لاتخاذ القرار نتيجة لتعقد المشكلة محل القرار أحياناً، أو بسبب ما يتطلبه حلها من جمع للمعلومات وتحليلها، أو بسبب تردد متخذ القرار أو إحجامه أحياناً عن اتخاذ القرار، أو بسبب ما يتطلبه اتخاذ القرار من دراسات ومناقشات مستفيضة تجعل من الصعب على الإداري متخذ القرار اتخاذ القرار المناسب.

فاتخاذ المدير مثلاً قراراً بقبول عطاء توريد بعض المواد اللازمة لإدارته يتم بعد دراسة العروض المقدمة وتحليلها لمعرفة أفضلها، وهذا يتطلب معلومات وافية ومتعددة الجوانب لمعرفة أفضل العروض. كما أن قبول أحد العروض قد يحدث تحت ضغط تأثيرات متعددة، الأمر الذي يجعل عملية اتخاذ القرارات عملية صعبة ومعقدة، ويجعل مهمة المدير متخذ القرار بالتالي صعبة وتحتاج مستوى عالي من الفهم.

الفصل الثاني

مفهوم الترشيد، القرارات الرشيدة والقرارات الفعالة

---

* آراء رواد الفكر الإداري في الرشد.

* تحديد مفهوم الرشد في ضوء تعريف القرار.

* تحديد مفهوم الرشد تبعاً لمراحل صنع القرار.

* الرشد المحدود.

* معوقات اتخاذ القرار الرشيد.

* القرارات الفعالة.

* ماذا يفعل المدير الفعال في اتخاذ القرارات.

* صفات وخصائص متخذ القرار الفعال.

مفهوم الترشيد

القرارات الرشيدة والقرارات الفعالة

إن توضيح مفهوم الترشيد في عملية اتخاذ القرارات ومفهوم القرار الرشيد يعتمد بالدرجة الأولى على تفسير مصطلح "الرشد" Rationality، وقد وردت تفسيرات متعددة لهذه الكلمة في المعاجم اللغوية يتلخص مضمونها العام في إضفاء صفة العقلانية في السلوك والتصرف، ومنهم من يفهم أن ترشيد القرار يعني إضفاء صفة الحكمة والعقلانية عليه.

● آراء رواد الفكر الإداري في الرشد:

عند البحث في الفكر الإداري المعاصر عن (الرشد) في السلوك والتصرف يمكن اعتبار (ماكس فيبر) Max Weber و(هربرت سايمون) Her.bart Simon من الرواد الأساسيين الذين اختصوا في البحث في موضوع الرشد وتحديد دلالات عملية ترشيد القرار، وذلك انطلاقاً من تصنيف وتفسير الأفعال البشرية.

إذ لاحظ (سايمون) قصور مفهوم الرشد والمعيار الاقتصادي في اتخاذ القرار. وبيّن أن متخذ القرار لا يستطيع الوصول إلى الحلول المثلى للمشاكل موضوع الدراسة، وذلك لأن الحل الأمثل في فترة زمنية معينة قد لا يبقى كذلك في فترة زمنية أخرى. كما أن بدائل العمل المتاحة أمام متخذ القرار قد تكون كثيرة، ولذلك فقد اقترح (سايمون) أن يضاف معيار نوعي لمفهوم الرشد حين استخدامه، وذلك للتخفيف من تعقيد هذا المفهوم وجعله أكثر بساطة وواقعية. لذلك فقد ميز (سايمون) بين نوعين من الرشد بمفاهيم جديدة وهي[1]:

1. الرشد الموضوعي: Objective Rationality

---

[1] Lee D., Newman P., & Price, R., Decision Making in Organizations.

وهو الذي يعكس السلوك الصحيح الذي يسعى إلى تعظيم المنفعة في حالة معينة، ويقوم على أساس توافر المعلومات الكافية عن البدائل المتاحة للاختيار ونتائج كل منها.

2. **الرشد الشخصي (الذاتي): Subjective Rationality**

وهو الأكثر واقعية للعلوم الإدارية ذات البعد التطبيقي، وهو يعبر عن السلوك الذي يسعى إلى تعظيم إمكانية الحصول على المنفعة في حالة معينة بالاعتماد على المعلومات المتاحة بعد أخذ القيود والضغوط كافة التي تحد من قدرة الإداري على المفاضلة والاختيار.

كذلك فقد ميز (سايمون) بين الرشد التنظيمي Organizational Rationality الذي يعكس سلوك متخذ القرار المتعلق بتحقيق أهداف المنظمة، وبين الرشد الفردي Personal Rationality الذي يعبر عن سلوك متخذ القرار المتعلق بتحديد أهدافه الشخصية. كما أن السلوك قد يكون رشيداً بصورة واعية Consciously Rational إذا أدى إلى استخدام الوسائل المتاحة لتحقيق الغايات بصورة واعية، وقد يكون رشيداً بصورة متعمدة Deliberately Rational إذا كان الفرد أو المنظمة يتعمدون القيام بتصرف لتحقيق غايات محددة.

في ذات السياق، فإن (ماكس فيبر) Max Weber قد صنف وفسر الأفعال البشرية من حيث درجة رشدها إلى ثلاثة أنواع وهي[1]:

1. أفعال عاطفية Emotional: والتي تكون فيها العاطفة والمشاعر هي التي توجه سلوك الفرد واعتبرها (فيبر) مناقضة لأعمال العقل.
2. أفعال تقليدية Traditional: والتي تخضع للعادة والتفكير السائدين في المجتمع وليس لأحكام العقل.

---

[1] مؤيد الفضل وعبد الكريم شعبان، الموسوعة الشاملة إلى ترشيد القرارات الإدارية، ص19.

3. أفعال رشيدة Rational: وهي الأفعال التي تخضع للتحليل العقلي. وقد ميز (فيبر) أساسين لتحدد الرشد في هذه الأفعال وهي:

أ. الأفعال الرشيدة القيمية: Value Rational:

وتكون رشيدة في قيم معينة، فالعقل إذا حقق قيماً يجب أن يسعى للتخطيط ويصبح الهدف من الفعل هو الفعل ذاته.

ب. الأفعال الرشيدة الوسيلية: Instrumental Rational:

وتكون رشيدة في ضوء الخطوات المتبعة في التنفيذ، أي أنها رشيدة لأنها استخدمت وسائل عقلانية متتابعة في سبيل الوصول إلى الهدف.

هذا وقد تناول العديد من المختصين والخبراء في العلوم الاجتماعية والإدارية دراسة وتحليل موضوع الرشد، ومن أبرز تلك الدراسات النموذج الذي قدمه (باول دايسنج) Paul Daising والذي تركز اهتمامه بأنواع القيم بمفهوم (فيبر) والأهداف الاجتماعية والقانونية والسياسية. وأن مضمون الهدف ومعايير تحقيق الرشد تختلف لكل منهما، وبذلك فإنها تشكل معايير للتقويم والتحليل في المنظمة. وهذه الأنواع من الرشد هي [1]:

1. الرشد الفني: Technical Rationality

وهو الرشد الذي تتوافق فيه الأساليب العلمية المتبعة في العمليات الإنتاجية (مثلاً)، وتكوين منفعة بما يحقق أهداف محددة مسبقاً. فالرشد يتحقق بدراسة وانتقاء أفضل الأساليب الملائمة.

---

[1] محمد السامرائي، تقدير الرشد في القرارات الاستراتيجية: دراسة تطبيقية في المنشآت العامة للمنسوجات الصوفية، رسالة ماجستير غير منشورة، ص13.

2. الرشد الاقتصادي: Economic Rationality

ويتمثل في بلوغ الحد الأقصى- من مجموعة الأهداف المتوفرة في حال وجود اختلاف وتباين فيما بينها من حيث التركيز على جانب التكلفة والمنافع المادية فقط، ويُطرح معيار الكفاية باعتباره المؤشر الرئيسي الدال على (رشد القرار).

3. الرشد الاجتماعي: Social Rationality

وهو يمثل مستوى العلاقات القائمة بين أفراد التنظيم والقيم السائدة، وتعتبر درجة التجانس والانسجام هو المعيار الرئيسي الدال على (درجة الرشد).

4. الرشد القانوني: Legal Rationality

وهو ما يعرف برشد القواعد والإجراءات. ويمثل الرشد في الأنظمة والقواعد التي تحكم سلوك أفراد التنظيم وتحديد الواجبات والمسؤوليات، ويعد الالتزام بهذه الأنظمة مؤشراً للرشد فيها.

5. الرشد السياسي: Political Rationality

وهو ما يعرف بالرشد الإداري والسلطوي. وهو الرشد المحدد في بنى وهياكل صنع (اتخاذ) القرار في المنظمة، وذلك لزيادة فرص تقبل القرارات ونجاحها. ويعتبر اكتساب التأييد وتجنب المعارضة أو تخفيضها تجاه قرار معين هو المعيار الرئيسي- على رشد الإدارة في التنظيم.

ومع أن هذه الأنواع من مفاهيم الرشد يكمل بعضها بعضاً إلا أن هناك العديد من المواقف التي قد تتعارض فيها المعايير الرئيسية لهذه المفاهيم. وعليه نخلص إلى القول بأن مفهوم الرشد غير محدد الأبعاد والمعاني، ويرتبط بالصفة التي تقيده في المجال المعني، وهذه الاختلافات تعود لتعدد الآراء التي يطرحها الباحثون حول تحديد هذا المفهوم.

● تحديد مفهوم الرشد في ضوء تعريف القرار:

إن التعاريـف النظريـة للقـرار وتحديد العنـاصر التي ينطوي عليها القرار تعـد واحدة من الأساليب التي توفر الرشد بافتراض أن العناصر التي يتضمنها القرار هي التي تمثل درجة الرشد فيه، ولكن المشكلة الرئيسية لتقدير الرشد في التعاريف والتي تحول دون اعتمادها لتطوير مقياس الرشد في القـرار هـي تعددها واختلاف وجهة نظر المختصين في تحديد عناصرها تبعاً لاختلاف الاهتمامات والخلفيات التي انطلقوا منها. وفيما يلي عرضاً لمجموعة من التعاريف لخبراء الإدارة، والتـي تمثل عينـة ممثلة لأهـم المحاولات المتبادلة في تحديد معايير عناصر القرار الرشيد[1]:

- يونج Yong يعرف القرار بأنه: الاستجابة الفعلية التي توفر النتائج المرغوبة لحالـة أو حالات حالية أو محتملة في المنظمة.

- رجس Riggs وكون Kohn وستونر Stoner يعرفـون القـرار بأنـه عمليـة الاختيـار بيـن البدائل.

- هاريسون Harrison يعرف القرار بأنه: اللحظـة في عمليـة تقييم البدائل المتعلقـة بالهدف، والتي عندها يكون توقع متخذ القرار بالنسبة لعمل معين بالـذات يجعله يتخذ اختياراً يوجه إليه قدراته وطاقاته لتحقيق غايته.

ومـن خـلال التعريفـات السـابقة فإن مشكلة قيـاس الرشـد تعـود لعـدم اتفـاق المختصين حول تحديد معايير محدودة للرشد في القرار، كما أن هذه التعاريف لا توفر معايير مستقرة وواضحة يتم في ضوئها تقدير الرشد.

---

[1] مؤيد الفضل وعبد الكريم شعبان، مرجع سابق، ص22.

● تحديد مفهوم الرشد تبعاً لمراحل عملية صنع القرار:

إن هذا المنهج يمكن اعتباره أفضل المناهج في تحديد مفهوم الرشد وقياسه لأنه يمثل سلسلة خطوات ومراحل متتابعة، ويعاد تقييم القرار فيه من خلال عملية التغذية العكسية (Feedback)، فهو يمثل منهج نظمي Systematic في عملية القرار. ولكن مشكلة الرشد تبرز هنا بسبب اختلاف المتخصصين في تحديد المراحل التي يمر بها القرار. فالبعض مثل: سايمون ولندبيرج وروس وهاريسون، يحددها بثلاثة مراحل وتزداد لتصل إلى ستة مراحل.

وفي الواقع فإن مراحل اتخاذ القرارات هي عملية متكاملة وجزء لا يتجزأ من القرار الفعال.

وفيما يلي شرحاً موجزاً لأهم خطوات أو مراحل صنع القرار[1]:

- أولاً: التعرف على المشكلة وتحديدها (تشخيص المشكلة):

يعد التعرف على المشكلة وتحديدها بدقة أهم الخطوات فعندما تحدد المشكلة بشكل خاطئ فإن القرار سيكون خاطئاً بلا شك. لذلك نجد أن الإدارة اليابانية تتميز بأنها تركز على تحديد المشكلة أكثر من تركيزها على إيجاد الحل وتركز على وجهات النظر المختلفة بحيث تتم مناقشة الحل بعد الاتفاق على تحديد المشكلة.

ولا بد من تحديد الوسائل المساعدة في المشكلة كالاستشارات التي يقدمها الأفراد ذوي العلاقة بالمشكلة لمتخذ القرار والتي توجهه لتفادي الأخطاء التي قد يقع بها.

- ثانياً: مرحلة تحديد مجموعتين من عوامل القرار:

حيث تحدد في هذه المرحلة مجموعتين من العوامل المؤثرة على نتائج القرار وهما:

أ. إعداد مجموعة البدائل التي تستحق البحث والتحليل.

---

[1] نفس المرجع السابق، ص26.

ب. عوامل القرار التي تقع خارج متخذ القرار، وهي ما يسمى بعوامل عدم التأكد والتي قد تؤثر سلباً في اختيار البديل الأفضل على نتيجة القرار.

- ثالثاً: مرحلة جمع المعلومات المناسبة:

ويتم إعداد المعلومات المناسبة بشكل ما من خلال الوسائل التالية:

أ. الطرق: وهي استخدام مراحل تحديد المشكلة موضع الدراسة كالطرق الإحصائية التي تستخدم في التحليل.

ب. البيانات: وهي الحقائق والأرقام الوثيقة الصلة بالمشكلة، ومن ثم ربط الطرق والبيانات معاً أثناء تحليل المشكلة لاقتراح الحلول المناسبة.

- رابعاً: مرحلة تحديد البديل الأمثل:

يعمل متخذ القرار في هذه المرحلة على تنظيم المعلومات وتفسيرها بطريقة مفيدة تمكنه من تحديد البديل الأمثل، حيث تتم عملية المفاضلة بين البدائل المتاحة لاختيار البديل المناسب وفقاً لمعايير واعتبارات موضوعية يستند إليها المدير متخذ القرار في عملية الاختيار. وذلك يمكن أن يتم من خلال:

أ. إعداد مصفوفة تتضمن مجموعة البدائل وعوامل التأكد ووضع القيم المحتملة لكل بديل.

ب. تحديد البديل الذي يحقق الرضا الأفضل مقارنة بمعايير النجاح المحددة.

- خامساً: مرحلة وضع وتطوير خطة مفصلة للتنفيذ:

إذ بعد اختيار البديل لا بد من ترجمته إلى واقع العمل بموجب خطة تنفيذية فاعلة تأخذ بالبعد الزمني للقرار، وتراعى فيها الجوانب الآتية:

أ. الوضوح في عرض تفاصيل الخطة.

ب. تفويض الصلاحية ومسؤولية التنفيذ إلى أحد الأعضاء.

ج. وضع نظام رقابي على تنفيذ الخطة.

د. المتابعة المستمرة لضمان فعالية نظام الرقابة في التنفيذ.

- سادساً: مرحلة تقييم القرار وعملية اتخاذه بعد تنفيذ الخطة:

حيث تراعى في هذه المرحلة الجوانب الآتية:

أ. التوقيت الملائم لاتخاذ القرار.

ب. الكفاية النسبية للمعلومات ذات الصلة بالقرار.

ج. مدى تشابه ظروف تنفيذ القرار مع ظروف اتخاذه.

إذ أن التوقيت غير السليم وعدم ملائمة ظروف التنفيذ تتطلب إعادة النظر بالقرار. ومن الضروري هنا أن تتم مراجعة عملية صنع القرار لرؤية مدى إمكانية تقويمها على المدى البعيد والقريب، وبعكس ذلك نجد أن مواصفات القرارات غير الرشيدة تعتمد على ما يلي:

أ. الحدس والتخمين.

ب. التقدير الشخصي.

ج. الخبرة والمؤهلات الشخصية والتجربة المستمدة من سنوات سابقة.

د. الصدفة والحظ.

وهذه المواصفات غير علمية وغير متناسبة عموماً مع التطورات والنمو.

ومن هنا يتبين أن القرارات الرشيدة هي القرارات المبنية على أسس علمية حديثة بالاعتماد على نشاط المنشآت في الفترات الزمنية السابقة، على عكس القرارات غير الرشيدة التي تكون مبنية على الأسس السابقة.

وتكون القرارات غير دقيقة وعرضة للخطأ والانحراف والتي تؤدي إلى عرقلة سير العمل في المنشأة وتحمل المنشأة أعباء كبيرة تضعف من قوتها أمام المنشآت الأخرى في البيئة التنافسية كنتيجة للأخطاء الناتجة عن تلك القرارات غير الرشيدة.

عموماً، فإن المراحل السابقة لعملية صنع القرار يمكن تمثيلها في الشكل التالي:

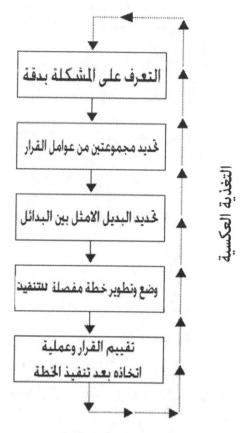

شكل رقم (2)

مراحل عملية صنع القرار

كذلك هناك طريقة وضعها علماء النفس والاجتماع مكونة من خمسة مراحل توضح كيفية اتخاذ القرار بشكل مستقل وهذه المراحل هي:

- **المرحلة الأولى:** تحديد الهدف بوضوح، لأنه بذلك يوجه خطواتنا نحو اتخاذ القرار.

- **المرحلة الثانية:** التفكير بأكبر عدد ممكن من الإمكانيات، فمنها يستخلص وينبثق القرار.

- **المرحلة الثالثة:** فحص الحقائق مهم جداً، فعدم توفر المعلومات قد يقودنا إلى قرار غير صحيح.

41

- **المرحلة الرابعة:** التفكير في إيجابيات وسلبيات القرار الذي تـم اتخـاذه، فيجـب فحـص كل إمكانية وما يمكن أن ينتج عنها وقياس مدى كونها مناسبة أو غير مناسبة.

- **المرحلة الخامسة:** مراجعة جميع المراحل السابقة مرة أخرى، والانتباه فيما إذا أضيفت معطيات جديدة أو حدث تغيير، ثم نقـرر بعدئـذ، وإذا لم يكن القرار مناسباً يمكن عمل فحص جديد.

- **الرشد المحدود:** Bounded Rationality

إن الرجل الإداري يتصف بعدم قدرته على الحصول على بديل مثالي وذلك بسبب عدم وجود المعلومات الكافية لديه لذلك، فهو يبحث عن بديل مقبول ضـمن مـا يتـوافر لديه مـن معلومـات أي انه يتخـذ قراره بـالاعتماد عـلى الرشـد المحـدود Bounded Rationality وعلى الإمكانيات المتاحة له في اختيار البديل الـذي يؤمن أقل مـن الحـد الأقصى للمنفعة المطلوبة بدلاً من البديل الذي يحقق الحد الأقصى ـ من المنفعـة. وذلك بعد ان يضع صورة مبسطة للعالم الخارجي تحتوي على العوامل المتصلة مباشرة بموضوع قراره والتي تتصف بطابع البساطة، تاركاً العوامل التي لا ترتبط بصورة مباشرة بالمشكلة التي يعمل على إيجاد الحلول لها.

وهناك مفهوم مـرتبط بشـكل رئيسي ـ بالرشـد المحـدود وهـو المحددات المعرفيـة Cognitive Limitations.

وفيما يلي بعض العوامل التي تساهم في المحددات المعرفية لمتخذ القرار[1]:

1. متخذي القـرار يستطيعون تـذكر القليل مـن المعلومـات المرتبطة بالـذاكرة (قصيرة المدى).

2. ذكاء متخذ القرار يظهر للعيان عند معالجة وتذكر المعلومات.

3. متخذ القرار الجازم على نحو غير ملائم لحجم المعلومات.

---

[1] Lee D. & Others, op. cit.

4. متخذ القرار هو أكثر شخص يتجه نحو التفكير الملموس.

5. رغبة متخذ القرار نحو عدم تجاهل المخاطرة التي تحد من حجم المعلومات اللازمة للوصول إلى الخيار المطلوب، بينما المتقبلين للمخاطرة Risk Takers من الممكن أن يطلبوا القليل من المعلومات مقابل المتجاهلين للمخاطرة.

6. مستوى الطموح لمتخذ القرار يؤثر على حجم المعلومات التي يحتاجونها للوصول إلى الخيار وبشكل طردي.

7. متخذي القرار القدامى يظهرون امتلاك محددات معرفية في معالجة المعلومات عند اتخاذ القرار أكثر من متخذي القرار الجدد.

- **معوقات اتخاذ القرار الرشيد:**

عرفنا أن اتخاذ القرارات في إطار المنظمات المختلفة ليس دائماً بالعملية السهلة، وذلك لأن المشكلات التي تواجه صانعي القرارات خلال المراحل المختلفة من تحديد للمشكلة أو الهدف وجمع المعلومات والبحث عن حلول بديلة واختيار البديل الأفضل وانتهاءً بالتنفيذ والمتابعة والتقويم، هي مشكلات عديدة ومتشعبة ومنها ما هو مرتبط بالمناخ المحيط بكل ما فيه من فرص وعلاقات وأهداف وعادات وتقاليد وغيرها.

فمتخذ القرار في حاجة مستمرة إلى بيانات جديدة وإضافية، إما لإلقاء ضوء جيد على تحديد الهدف أو للتشخيص. وعموماً، يرجع عدم توفر كمية البيانات والمعلومات لأسباب عديدة من أهمها:

1. أن يكون القائمون على جمع وترتيب المعلومات غير مؤهلين للقيام بهذه العملية، بالإضافة إلى ضعف نظم المعلومات وعدم استخدام مستويات رفيعة من التكنولوجيا.

2. أن تتم عملية جمع البيانات والمعلومات تحت ضيق الوقت.

3. أن يكون هناك عيوباً في شبكة الاتصالات تعوق انسياب المعلومات.

4. ضعف الثقة المتبادلة: تعتبر ضعف الثقة والوفاق بين المديرين والمرؤوسين من الأسباب التي لا تشجع على اتخاذ القرارات وتحمل مسؤولية إصدارها، وإذا صدرت فإنها تكون في إطار مشبوه يسلبها فعاليتها ولا يحقق النتائج المرجوة منها.

5. وقت القرار: كثيراً ما تُفرض ضغوط على رجل الإدارة لاتخاذ قرار في عجلة من الوقت تحول دون إجراء الدراسة والبحث الكافي للموقف الإداري، مما يجعل القرار غير سليم ولا يحقق الهدف منه. علاوة على أن معرفة المرؤوسين بالقرار قبل الرؤساء لا يجعل المرؤوسين يقفون على مغزاه الحقيقي مما يسبب مشكلات في مجال العمل.

6. عدم المشاركة في اتخاذ القرار: فالمشاركة في الإدارة المدرسية على سبيل المثال هو تعبير عن الديموقراطية. وقد ازداد موضوع مساهمة الفئات المستفيدة من العملية التعليمية انتشاراً مع تعدد أبعاد هذه العملية وتنوع جوانبها وازدياد اهتمام المجتمع بها، والمشاركة هي من الاتجاهات الحديثة في الإدارة التي أكدت عليها المؤتمرات العديدة.

7. التردد: لما كانت القرارات تتعلق بأمور في المستقبل فإننا نلاحظ ظاهرة التردد في اختيار حل معين. ويقصد بالتردد ما ينتاب صانع القرار من حيرة في اختيار البديل الأفضل، ومن أسباب ذلك ما يلي:

أ. عدم المقدرة على تحديد الأهداف أو المشكلات بدقة.

ب. عدم المقدرة على تحديد النتائج المتوقعة من البدائل.

ج. تعدد الأساليب والأجهزة الرقابية على تصرفات متخذ القرار، ويتولد عن ذلك الخوف والشك والسلبية.

د. عدم وضوح السلطات والمسؤوليات وممارستها على وجه غير مرضي.

هـ. الضغوط والالتزامات غير المقبولة كالذاتية لصانع القرار نفسه والتكاليف وغيرها.

وفي الواقع، ولكي يقل "التردد" في اتخاذ القرار ينبغي أن تؤخذ في الاعتبار الأمور التالية[1]:

1. إن كل قرار يجب أن يساهم في تحقيق الأهداف، ومعرفة الأهداف المطلوب تحقيقها باتخاذ القرار تقلل من مشكلة التردد.

2. إن التبسيط الزائد عن الحد – بعدم إدخال الأشياء غير المحسوسة أو عدم دراسة أثر الانفعالات العاطفية – يعتبر من طبيعة المشكلة ويزيد من التردد. لذلك فمن الضروري إعطاء أهمية للشعور والانفعالات والعواطف، بالإضافة إلى الأشياء الظاهرة الملموسة أو الممكن الاستدلال بها عقلياً.

وليس من الممكن إرضاء جميع الناس، فمعظم القرارات لا يمكن أن ترضي كل الناس. فلا بد – في كل قرار – من وجود أفراد غير راضين عنه، وهم يحاولون دائماً انتقاد القرار بعد إصداره. ومن الضروري على متخذ القرار في هذه الحالة أن يشرح ظروف القرار المتخذ، ويحاول كسب تعاون وثقة الجميع.

ومن البديهي أن المدير الذي لا يتصف عقله بصفات العقل العلمي لا يمكن أن يتخذ قرارات رشيدة.

---

[1] سيد هواري، اتخاذ القرارات: تحليل المنهج العلمي مع الاهتمام بالتفكير الابتكاري، ص105.

● القرارات الفعالة: Effective Decisions

إن القرار الرشيد هو قرار مدروس لكنه يمكن أن يكون مجرد حبراً على ورق، أما القرار الفعال فهو قرار قابل للتنفيذ أي للاقتناع به من قبل الغير.

كيف تجعل قراراتك فعالة؟

لكي يتحلل القرار في شكل عمل ولا يكون مجرد حبراً على ورق، أي أن يكون قراراً فعالاً Effective Decision فإنه يجب [1]:

1. أن يتصدى لمفاهيم فكرية عالية مجردة. أي مفاهيم استراتيجية شاملة ذات تأثير قوي، وليس مجرد قرارات في موضوعات تافهة.

2. أن تكون إمكانية تنفيذه قد دخلت في تكوين القرار ذاته. وبمعنى آخر أن لا يكون القرار مجرد حسن نية أو قرار مطلوب إقناع الناس به لتنفيذه، وإنما يصبح قراراً مترجماً في شكل عمل بالرغم من أنه نشأ أصلاً من فكر مجرد على مستوى عالٍ.

ولتوضيح ذلك ربما يكون من المناسب توضيح مزايا الطريقة اليابانية في اتخاذ القرار، حيث يقول (بيتر دراكر) – بحكم تجربته مع اليابانيين – بأن عملية اتخاذ القرار اليابانية أي وفق الأسلوب الياباني تتميز بالأمور الأساسية التالية [2]:

1. أنها تركز على فهم المشكلة، وعلى تحديد المشكلة أكثر من تركيزها على إيجاد الحل.

2. أنها تركز على وجهات النظر المختلفة بحيث لا تكون هناك مناقشة للحل إلا بعد الاتفاق على المشكلة، وهو ما يعني وجود عدد كبير من وجهات النظر والبدائل التي تتم دراستها.

3. تركز على البدائل أكثر من تركيزها على الحل الصائب.

---

[1] نفس المرجع السابق، ص109.

[2] Drucker P., Practice of Management, P. 439.

46

إن الطريقة اليابانية في اتخاذ القرار تنتج قرارات فعالة وذلك لأن التنفيذ الفعال يتم تصميمه في عملية اتخاذ القرار، كما أن المديرين اليابانيين لا يتخذون قرارات صغيرة كثيرة، ولكنهم يتخذون قرارات كبيرة قليلة. ومن المعروف أن القرارات الصغيرة الكثيرة من أكثر الأشياء الضارة في أي منظمة، فأي قرار يأخذ وقتاً طويلاً يولد مناقشات حامية، كما أن المدير الفعال لا يتخذ قراراً إلا إذا كان هناك اختلاف في وجهات النظر.

● **ماذا يفعل المدير الفعال في اتخاذ القرارات:**

إن المدير الفعال إذن لا يبدأ بالافتراض بأن حلاً معيناً صواب وكل الحلول الأخرى خطأ، كما أنه لا يبدأ بقوله: "أنا صواب وهو خطأ"، بل إنه يبدأ بالتزام ليفهم لماذا يختلف الناس في وجهات نظرهم.

والمدير الفعال يعرف بأن هناك أغبياء وجهلاء حوله، ولكنه يجب ألا يفترض أن كل من يختلف معه غبي أو جاهل، كما أنه يجب أن يعرف أن الشخص المخالف شخص ذكي وعادل ما لم يثبت غير ذلك. إن المدير الفعال يجب أن يفترض أن وجهة نظر الشخص المخالف تنبع من إدراك حقيقة أخرى خافية، ويجب أن يكون مهتماً "بالفهم" وعندئذٍ يستطيع أن يفكر فيمن هو المصيب ومن هو المخطئ.

ومما لا شك فيه فإن معظم المديرين أو متخذي القرار يبدون متأكدون على أن ما يرونه صواب وأن ما يرونه هو الصواب الوحيد. وعلى ذلك فإن المدير الفعال الذي يريد أن يتخذ قراراً فعالاً يتحتم عليه أن يجبر نفسه على رؤية المعارضة على أنها أداته للتفكير المتأني في البدائل، فهو ينبغي أن يستخدم الصراع في الرأي كوسيلة للتأكد من أن كل جوانب الموضوع قد تمت دراستها بعناية.

كذلك فإن عدم عمل شيء هو في ذاته قرار، فأحد البدائل الممكنة للمدير الفعال تتمثل في ألا يعمل شيئاً. فاتخاذ القرار مثل العملية الجراحية، وبالتالي فإنه ربما

يحمل معه مخاطر الصدمة. والقرار يكون واجباً اتخاذه إذا كان البديل هو انهيار الأحوال، أما إذا رؤيَ ترك الأحوال كما هي بالرغم من أنها مزعجة، فربما يكون الأفضل عدم عمل شيء.

إذن، فإن العبرة ليست بأن تفعل الأشياء بطريقة صائبة، ولكنها في أن تفعل الأشياء الصواب.

وقد بيّن (تيري) Terry بأن على متخذ القرار أن يأخذ بعين الاعتبار النواحي الآتية قبل اتخاذ القرار ليكون قراره فعالاً[1]:

1. التحليل المنطقي للمشكلة مبتعداً عن المؤثرات العاطفية أو محاولة التقليل من شأن المشكلة.
2. تأمين تعاون جميع الأفراد في تنفيذ القرار.
3. التمهل والتروي في إصدار القرار حتى بالنسبة للمشاكل التي تتطلب اتخاذ قرارات عاجلة.
4. عدم الخوف من التغييرات المحتملة التي يحدثها اتخاذ القرار.
5. المتابعة المستمرة لنتائج القرارات لضمان عدم انحراف النتائج عما هو مطلوب تحقيقه.

---

[1] نادية أيوب، نظرية القرارات الإدارية، ص76.

صفات وخصائص متخذ القرار الفعال[1]:

إن الخصائص الشخصية التي ينبغي أن تتوفر في المدير متخذ القرار حتى يكون قراره الذي يتخذه فعالاً يمكن تلخيصها - بشكل مبسط - من خلال الشكل التالي:

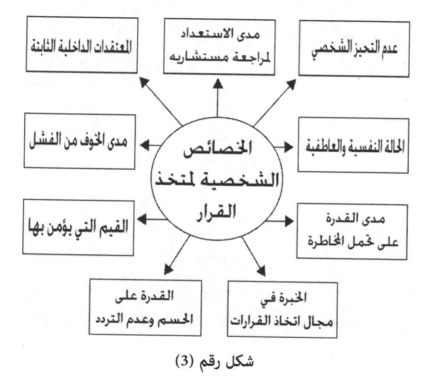

شكل رقم (3)

الخصائص الشخصية لمتخذ القرار

أما بالنسبة لأهم الصفات أو السمات الواجب توافرها في متخذ القرار، فيمكن تلخيصها في الشكل التالي:

[1] محمد الصيرفي، مرجع سابق، ص124.

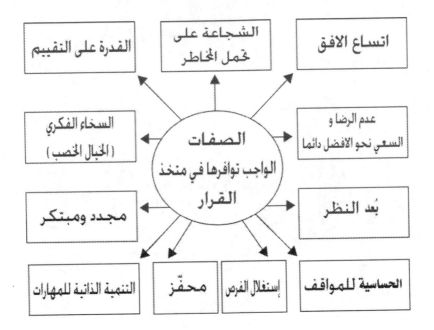

شكل رقم (4)

الصفات الواجب توفرها في متخذ القرار

الفصل الثالث

العلاقة بين اتخاذ القرارات وحل المشكلات

* المشكلات وعملية حلها.

* المفاهيم الحالية في بناء المشكلة.

* أنواع المشكلات التي يمكن أن تواجه الفرد في العمل.

* أسباب عدم اتخاذ قرارات بشأن فرص يتم تجاهلها.

* منهج معالجة المشكلات في المستقبل.

* النقطة التي يتوقف عندها متخذ القرار.

العلاقة بين اتخاذ القرارات وحل المشكلات

Relationship Between Decision

Making & Problem Solving

بالرغم من الارتباط الوثيق بينهما إلا أن هناك فرقاً بـين حـل المشكلات واتخاذ القرارات فهما ليسا مترادفين. إذ لا يعني اتخاذ القرار أن تكون هناك مشكلة والعكس غير صحيح، فكلما وجدت مشكلة وجد قرار متخـذ، وإلا تحولت المشكلة إلى محنـة أو كارثة.

وحسب رأي (بريفرمان) Breeverman فهما ليسا مترادفين، ولكـن اتخـاذ القرار غالباً ما يتضمن حل مشاكل، وحل مشاكل يقـود إلى بعـض القرارات. وينتهـي إلى أنـه بدون قرار حل مشكلة ربما يكون غير مجدي، وبـذلك فـإن حـل المشاكل واتخاذ القرار متلازمان.

أمـا (كاسـتلو) Castlo و(زالكينـد) Zalkiend فيريـا أن المصـطلحان غالبـاً مـا يستخدمان بشكل متبادل، ويميزان بينهما بأن حـل المشكلة يتضمن عملية الإمعـان في التفكير والبحث الجدي للتغلب على المعوقات باتجاه تحقيق الأهداف. أما عملية اتخاذ القرار فتقتصر على عملية الاختيار من بين الاحتمالات المتعددة[1].

ومن هنا نرى أن حل المشكلة – في الواقع – ربما أو ربما لا يحتاج إلى فعل، وهـذا يختلف عن اتخاذ القرار. حيث أن اتخاذ القـرار هـو عبـارة عـن فِعـل وفِعـل يحتاج إلى حكم.

---

[1] Lee D. & Others, op. cit.

● المشكلات وعملية حلها:

ترد معظم تعريفات كلمة مشكلة Problem بأنها الفجوة Gap أو الاختلاف أو التباعد بين الطريقة التي عليها الأشياء والطريقة المرغوبة في أن تكون هذه الأشياء عليها، وتتضمن هذه الفجوة تفضيلات الأفراد الناجمة عن معرفتهم القائمة أو عن الواقع الخارجي أو التفضيلات الذاتية للأشخاص. وهناك أيضاً شرطان أساسيان لكي تصبح الفجوة مشكلة وهما[1]:

1. أن تكون عملية سد الفجوة أو إقامة وسيلة لتخطيها عملية صعبة، لأنه حيث لا توجد صعوبة لا توجد مشكلة. وتعرف الصعوبة بأنها استمرار وجود الموقف المشكل دون أن تكون هناك دلائل في داخله تشير إلى نشاط هادف مثل: التقاط الشخص لكتاب سقط منه.

2. أن تكون الفجوة مهمة إلى الدرجة التي تحفز الجهود والعقول بحثاً عن حل في الحال أو في المستقبل، حيث يجب أن توضع في قائمة أولويات المعنيين بها. والمشكلة أساساً تعبر عن موقف غير مرغوب فيه، وهذا الموقف هو موضع اهتمام شخص ما يوصف بأنه وكيل للتغيير Change Agent يرى أن المشكلة قابلة للحل Solvable مع احتمال وجود بعض الصعوبات.

إن المشكلة هي علاقة عدم انسجام وتوافق بين رغبات الفرد والواقع الفعلي، ولأنها علاقة فليس لها تواجد مادي Phisical Existance. إنها من تكوينات وكيانات المفاهيم والإدراك. والمشكلة مصطلح تجريدي من عالم الملاحظات ويطبق لأنه وظيفة مفيدة تعتبر بمثابة جهاز إنذار وجذب للانتباه، وإن مجرد ملاحظة موقف ما على أنه مشكلة يعني أن يضعه الفرد في قائمة اهتماماته. ويدخل بالتالي في جدول أولوياته لبذل الجهد والأنشطة المستقبلية بهدف الوصول إلى الحل الملائم.

---

[1] عبد الحكم الخزامي، فن اتخاذ القرار: مدخل تطبيقي، ص27.

وفي الحياة الواقعية يوجد عدد لا نهائي من المواقف التي يمكن أن تحدد على أنها مشكلات، ولكن لا يوجد شخص ما يمكن اعتباره مشكلة بكل كيانه.

وإذا تم تعريف المشكلة لجذب الانتباه إلى مجموعة من الحالات غير المرضية في المنظمة، فإن حل المشكلة هو ما يجب أن يفعله الفرد عندما ينتبه إلى المشكلة. وتتعدد المشكلات بطبيعتها، وفي سياق وجودها وفي أهداف الأفراد والجماعات من حلها، ولذلك فإنه لا يمكن تخيل وجود كلية أو معهد علمي لحل المشكلات. إن للإنسان أعضاء خاصة للرؤية أو للسمع، وقد يتعلم ويتقن جيداً أساليب للإستدلال أو التذكر، ولكن من غير المعقول أنه يمكن أن يمتلك قوة خارقة لحل المشكلات. إن مجالات المشكلات مختلفة ومتسعة وبناء المشكلات يثير الانتباه، ولكنه لا يعطي مؤشرات للحلول.

وقد فشلت محاولات عديدة في خلق ما يطلق عليه: "وظيفة حلاّل عام المشكلات" General Problem Solver، وكل ما تتناوله نظريات حل المشكلات هي عبارة عن بيانات عريضة عن المعرفة الإنسانية، نظرية تشغيل المعلومات، ونظريات محدودة عن موضوعات معرفية محددة كالإدراك، والذاكرة، والتأثير. وقد أدرك أصحاب النظريات هذه الحقائق على اعتبار أن حل المشكلات نشاط يرتبط بطبيعة المشكلة نفسها. وجاءت النظم الخبيرة Expert Systems لتؤكد هذا الاتجاه، وأصبحت دراسة حل المشكلات تعني في المقام الأول توجيه التفكير نحو وضوح الأهداف ومدى استعداد الأفراد المعنيين بهذا التفكير نحو حل المشكلات.

- **المفاهيم الحالية في بناء المشكلة:**

يفترض أن البناء الجيد للمشكلات يبرز بعض التنظيم لأجزائها التي يمكن الاستفادة منها في جهود البحث عن حلول لها. ويمكن ملاحظة أربعة أفكار سائدة حول بناء المشكلة وهي:

1. **مفهوم الهدف المعلن: Goal State**

يشير المفهوم الضيق لبناء المشكلة إلى وضوح الهدف المعلن للمشكلة، وتكون المشكلة ضعيفة في تعريفها إذا كان الهدف غير محدد بدقة، وعدم وضوح الأهداف يعتبر من الأسباب الرئيسية في ضعف بناء المشكلات، ويؤدي إلى العجز في تقدير الإجراءات الصحيحة اللازمة لحل المشكلة، وتحديد ما إذا كان الحل مقبولاً أم لا.

ويفترض نشاط حل المشكلات أن الفرد لديه مسبقاً بعض المعرفة حول ما يريد تحقيقه، وليس التأمل والتعمق في رؤية ما يريده بعد حل المشكلة، أو أنه سوف يتعرف على رغباته عندما يراها أمامه. وإلا كما يقول بعض الباحثين يصبح من يحل المشكلات لا يعرف ماذا سيكون عليه الحل إلا بعد تطبيقه، كما أن المشكلة التي لها احتمال الحصول على حلول متعددة غالباً ما يكون بناءها ضعيفاً أو ليس لها بناء على الإطلاق نتيجة لعدم وضوح الهدف أو غيابه.

2. **مفهوم حيز المشكلة: Problem Area**

إن تقييم مدخل الهدف المعلن ينسب البناء إلى مشكلة قائمة على خصائص حيز هذه المشكلة، وهو الحيز الذي يساعد على توضيح المشكلة بشكل رسمي ومعلن. وأهم معايير البناء الجيد للمشكلة هي:

1. وجود حيز للمشكلة مع ذكر المبادأة والهدف، وكل الحالات الوسيطة.
2. كل التغيرات القابلة للتحقيق أو التحولات يمكن تمثيلها في حيز المشكلة.
3. كل المعرفة المرتبطة يمكن أن تمثَّل في حيز المشكلة.
4. المشكلات التي تتضمن أفعالاً واقعية في الحياة العملية يكون لكل منها حيز يتشابه مع حالات الواقع، وخاصة التغييرات المختلفة وتأثيراتها المختلفة.

والهدف من كل ذلك أن تتوافر لدى من يعمل على حل المشكلة كافة الحالات والتحولات الحالية والمحتملة، والتي تساعد على الوصول إلى الحل الجيد (الأمثل).

وإذا أخذنا بُعد الحيز في الاعتبار، فإن المشكلات ذات البناء الجيد سيكون تشكيلها صريحاً وكمياً. ولذلك يمكن حلها عن طريق الأساليب الكمية المشهورة، بعد وضعها في نماذج رياضية، بعكس المشكلات ضعيفة البناء.

3. **مفهوم المعرفة:** Knowledge

يعيد هذا البُعد توجيه أفكار حيز المشكلة البنائي بطريقة حساسة، حيث يقرر أن من يتصدى لحل المشكلة ضعيفة البناء يفتقر إلى المعرفة التي تتوافر لنظيره الذي يتعامل مع مشكلة جيدة البناء. وعندما يرتبط البناء بالمعرفة يؤدي ذلك إلى ارتباط من يتصدى للحل بالبناء ذاته، فيشارك في تصميمه وتشكيله.

ولا يتضمن تعريف المشكلات نوع وشكل المعرفة المطلوبة لحلها، ولذلك فإن بعض الباحثين يُرجعون ضعف بناء المشكلات إلى كون الفرد المنوط به الحل لا يألف المشكلة وأبعادها وحالاتها وهي: طبيعة الموضوع، أو القيم، أو المخرجات المتعلقة بالمشكلة.

إن افتراض وجود مشكلات جيدة التعريف في حالاتها، وتحولاتها ومعرفتها هي أمر صعب الحدوث، ولا يمكن تصور وجودها في مشكلات واقعية في الحياة العملية. فمثلاً، من الصعب إدراك التحولات الممكنة في محاولة لفهم انخفاض الروح المعنوية للعاملين في منظمة ما، هل المعرفة الملائمة في مثل هذه الحالة تتطلب معرفة حقيقة كل الأفراد؟ وهل تتضمن الاستنتاجات التي يمكن أن يستدل عليها المدير؟ أو الأفكار التي يبتكرها؟... إنها مشكلات معرفية تجعل فكرة حيز المشكلة غير ملائمة في المواقف الإنسانية، وخاصة إذا أخذنا بالاعتبار الإمكانيات المعرفية للعقل البشري وإبداعاته.

وينبغي الإشارة أيضاً إلى العوامل الشخصية التي قد تتدخل في تحديد الحل، بمعنى أن هناك كثيراً من المحددات التي تلعب دوراً مؤثراً في بناء المشكلة.

4. مفهوم العملية: Operation

حيث تكون المشكلة ضعيفة البناء عندما يفتقر من يتصدى لحلها إلى إجراءات حل فعالة، وكيفية معالجة المشكلة. وقد يكون البناء القوي صعب الحل، ولكنه يوفر درجة من التأكد بما يجب عمله لحل المشكلة لأن عدم بناء المشكلة أو البناء الضعيف يمثل مشكلة ضخمة لوضع إجراءات وقواعد الحل. وقد يجد الفرد أن المشكلة ضعيفة التكوين إذا كانت أساليبه في معالجة المشكلة تقف دون الوصول إلى جوهر المعالجة المطلوبة.

ويثير تعريف المشكلة على أساس وجود نقص إجرائي سؤالاً هاماً حول لماذا يعاني الفرد من عدم توفير عملية فعالة لحل المشكلة. وتنوع مفهوم العملية يقدم فرضاً لإجابة هذا السؤال، إذ يفتقد الفرد للإجراء اللازم لحل مشكلة ضعيفة البناء وذلك لأن كل مشكلة متفردة بذاتها ولا تتكرر ثانية – كبصمة الإصبع –، ولذلك فإن الخبرات السابقة لا توفر مصدراً هاماً لأساليب الحل يمكن أن يتعلمها الفرد. إن تكرار حدوث مشكلة ما يرتبط بدرجة بنائها، وليس في شكل ومكونات هذا البناء.

عندما يواجه الفرد موقفاً كهذا فإن عليه أن يجزئ المشكلة إلى مشكلات فرعية يمكن إدارتها، ومن المهم في هذه الحالة معرفة الحجم الفعال للمشكلة في ضوء معرفة مدى عمق بنائها. والبرامج عميقة البناء كما في مشكلات البرمجة الخطية تسمح بتطبيق حلول رياضية عالية المستوى.

- **أنواع المشكلات التي يمكن أن تواجه الفرد في العمل:**

يمكن القول أن هناك ثلاثة أنواع من المشكلات التي قد تواجه الإدارى متخذ القرار في مجال العمل وهي[1]:

أ. مشكلات حدثت بالفعل:

وهذه قد تكون منتجات لم يتم تصريفها، وتكاليف تعدت الحدود المرسومة لها، أو عاملين قد تركوا العمل. وقد تحتاج هذه المشكلات إلى حلول سريعة لتصحيح ما حدث وإعادة الأمور إلى مجراها الطبيعي.

ب. مشكلات متوقع حدوثها قريباً:

فمثلاً هل يمكن الانتهاء من الطلبيات وتسليمها في الموعد المتفق عليه، أين سوف نضع الحاسب الآلي الجديد، هل نُخبر العاملين الآن بالتغييرات وشيكة الوقوع في مجال أعمالهم. وهذه المشكلات أيضاً تحتاج إلى حلول سريعة تتمثل في وضع الخطط والإجراءات.

ج. مشكلات تريد أن تتوقع حدوثها:

هذه المشكلات كامنة في المستقبل، وأنت في حاجة إلى اتخاذ إجراءات وقائية من الآن، لكي لا تظهر على السطح، وبالتالي لا تحتاج إلى حلول لها.

كيفية حل المشكلات:

إن الفكرة الأساسية التي يمكن بها حل المشكلات تتمثل في العمل على إزالة الأسباب التي كانت وراء ما حدث أو ما سوف يحدث من وجود فجوة بين الحالة المتوقعة أو المرغوب فيها وبين الحالة الفعلية. على سبيل المثال، لنفرض إن طموحاتك هي في أن يكون عدد الحوادث خلال هذا العام (صفراً)، ولكن الواقع يشير إلى وقوع (ثلاثة) حوادث في ماكينة الطباعة. سوف تعمل بالتالي على اكتشاف السبب (فربما

---

[1] نفس المرجع السابق، ص33.

يكون نقـص التـدريب)، وتحـاول أيضـاً إزالتـه بتـوفير البـرامج التدريبيـة اللازمـة للفنيين العاملين في قسم الطباعة.

وفي حقيقة الأمر، فإن إزالة السبب أو الأسباب غالباً ما يكون مـن الأمـور الصعبة والتي تتطلب الكثير من التحديات الفكرية (بناء المشكلة) والبحثية (الوصول إلى بـدائل للحل).

- أسباب عدم اتخاذ قرارات بشأن فرص كبيرة يتم تجاهلها:

إن عدم اتخاذ المديرين لقرارات هامة تتعلق بفرص كبيرة يمكن أن تعود بالفائـدة على المنظمة قد يعـود إلى انغمـاس المـديرين في أعمالهـم اليوميـة، حتـى أنهـم يقولـون لأنفسهم أحياناً أن الطريقة التي نؤدي بها أعمالنا هي الطريقة الوحيدة!. فهُم بالواقع لا يدركون أن هناك باستمرار بدائل فيمكن أن تختار بين أن تفعل شيئاً ما أو أن لا تفعلـه، أن تتكلم أو تظل صامتاً، أن تُصحح خطأ وقع أو أن تتركه يمر... الخ. فالمـدير هنا يفضل ألا يفعل شيئاً إلا إذا حدثت أزمة أو كارثة.

- منهج معالجة المشكلات في المستقبل:

يجب أن يكون تفكير المدير متخذ القرار إلى الأمـام (المستقبل) وليس إلى الـوراء (الماضي)، فما الذي يمكن أن يحدث ويسبب مشكلة؟

على سبيل المثال، هناك أحد العاملين على وشك الخروج على المعاش، وأنـت تريد أن يكون لديك بديل جاهز ومدرب. وقد وقّعت منظمتك تعاقداً مـع مـورّد جديـد، وأنت ترغب في التأكد بأنه قـد تم إخطاره بالمواصفات الصحيحة للمواد المطلوب توريدها. تتطلب خطتك تعيين عشرة عاملين جدد، وأنت تريد أن تراجع مـع إدارة شـؤون المـوظفين للتأكد أن العدد المطلوب سوف يكون جاهزاً ومدرباً قبل وصول المعدات الجديدة.

إن عملية تحليل المشكلات المحتملة تشبه تماماً عملية حل المشكلات الفعلية حيث يكون دائماً التركيز على الأسباب المحتملة. ويتمثل الاختلاف الرئيسي في أنه يجب على

المدير أن يستخدم خبراته عن مشكلات الماضي، ويوظفها في خدمة المشكلات المتوقع حدوثها في المستقبل. وينبغي عليه أيضاً أن يستخدم خياله في توقع مصادر المشكلات المحتملة، والتي لم تحدث في الماضي ولكنها يمكن أن تقع في المستقبل.

- **النقطة التي يتوقف عندها متخذ القرار:**

يجب على المدير متخذ القرار أن يتوقف عن البحث عن مزيد من المعلومات عندما تزيد المتاعب والتكلفة عن قيمة المعلومة التي يسعى للحصول إليها. والقاعدة العامة هنا هي أنه: كلما كان القرار أكثر حساسية وأبعد تأثيراً كان المطلوب أن يبذل المدير أقصى ما يستطيع بهدف الحصول على آخر معلومة تعتبر هامة. وينبغي ألا يضيّع المدير وقته جرياً وراء خلفية معلومة عن قرار شراء مادة مثلاً تمثل جزءاً ضئيلاً في كميتها وقيمتها، وسوف لا تستخدَم أكثر من مرة أو مرتين كل (ستة) أشهر. على الجانب الآخر، يختلف الموقف عند التفكير في تعيين موظف يشغل وظيفة حساسة بالمنظمة، إذ لا بد هنا من توفير وقت مناسب للحصول على المعلومات المرجعية عن الشخصية المرشحة للتعيين.

ينبغي كذلك على المدير متخذ القرار أن يحصّن نفسه ضد استخدام غياب المعلومات كوسيلة للمماطلة والتسويف، فهناك قرارات اتخاذها صعب وتنفيذها غير محبّذ، وذلك قد يكون دافعاً إلى المماطلة والتأجيل.

كما ينبغي ألا يتم التسرع في عملية اتخاذ القرار، وبخاصة إذا كان القرار الذي سيتم اتخاذه متعلقاً بالنواحي البشرية، فالأفراد هنا سوف يضغطون بكل قواهم للحصول على إجابة سريعة لمطالبهم. فإذا أحس المدير أنهم يستعجلون اتخاذ القرار يفضل أن يتريث بعض الوقت، فقد يهدأ الموقف، ويكتشف أكثر الأفراد إلحاحاً أن الرغبة في النقل مثلاً كانت مجرد نزعة عارضة مرت بسلام.

الفصل الرابع

أساليب اتخاذ القرارات

- أولاً: الأساليب التقليدية في اتخاذ القرارات.

- ثانياً: الأساليب العلمية في اتخاذ القرارات.

أساليب اتخاذ القرارات

هناك أساليب مختلفة ومتنوعة لاتخاذ القرارات تندرج في مدى صلاحيتها ودرجة تعقيدها من الأسهل إلى الأصعب، ويعتمد ذلك على درجة أهمية القرار وتوقيته والأطراف المعنية بهذا القرار. إذ تعتبر الأساليب التقليدية في اتخاذ القرار كأمور الحكم الشخصي على موضوع ما هو أبسط القرارات الإدارية، في حين تعتبر الأساليب الكمية والرياضية هي الأكثر صعوبة وتعقيداً.

واعتماد أسلوب ما في اتخاذ القرار دون غيره يعتمد على الشخص متخذ القرار وتحديده لحجم وأهمية المشكلة ومدى قدرته على التعامل معها. كما أن اعتماد أسلوب ما دون غيره يعتمد بالدرجة الأولى على مدى توافر المعلومات اللازمة، وقدرة المنظمة على المعالجة والتحليل، وكذلك الإمكانيات المادية والبشرية والتقنية المتاحة للمنظمة، فالمنظمة التي لديها القدرة على الاستخدام الفعال للمعلومات والبيانات المتاحة تختلف من حيث اختيار أسلوب القرار عن تلك التي لا تتوافر لديها مثل هذه القدرة[1].

وسنعرض في هذا الفصل أهم الأساليب المتبعة في اتخاذ القرارات والتي يمكن تقسيمها إلى قسمين رئيسيين:

أولاً: الأساليب التقليدية (غير الكمية).

ثانياً: الأساليب العلمية (الكمية).

---

[1] نواف كنعان، مرجع سابق، ص181.

- أولاً: الأساليب التقليدية في اتخاذ القرارات: Traditional Methods

المقصـود بالأسـاليب التقليديـة (غير الكميـة) أي تلـك التـي تفتقـر للتـدقيق والتمحيص العلمي، والتي لا تتبع المنهج العلمي في عملية اتخاذ القرارات. وتعود جـذور هذه الأساليب إلى الإدارات القديمة التي كانت تستخدم أسلوب التجربة والخطأ في حـل مشكلاتها معتمدة اعتماداً كلياً على مجرد الخبرة السابقة والتقدير الشخصي للإداريين.

وفيما يلي شرحاً لأهم الأساليب التقليدية في اتخاذ القرارات، والتـي كشـفت عنهـا دراسات وأبحاث كتاب الإدارة.

1. أسلوب الحكم الشخصي: Intuition

يعني هذا الأسلوب استخدام المدير حكمه الشخصي واعتماده على سرعـة البديهـة في إدراك العناصر الرئيسية الهامة للمواقف والمشكلات التي تعرض لها، والتقدير السـليم لإبعادهـا، وفي فحـص وتحليـل وتقيـيم البيانـات والمعلومـات المتاحـة والفهـم العميـق والشامل لكافة التفاصيل الخاصة بها.

ورغم بساطة هذا الأسلوب إلا أنه كغيره من أساليب اتخاذ القرار يتصف بـبعض المزايا، وكذلك تعتريه بعض العيوب نذكر منها[1]:

المزايا:

- قصر الوقت المستغرق في سبيل اتخاذ القرار المعني.

- قلة التكاليف المترتبة على ذلك.

- يعتبر أسلوباً فعالاً في معالجة المشاكل التقليدية (القرارات غير الاستراتيجية).

- يعطي المزيد من المرونة وحرية التحرك.

- يعطي مجالاً أوسع للاستفادة من القدرات الشخصية لمتخذ القرار.

[1] علي حجة، اتخاذ القرارات الإدارية، ص45.

العيوب (المآخذ):

- أنه يفتقد إلى الأسس العلمية الصحيحة.

- لا يمكن نقله واعتماده كأسلوب عام للتعامل مع المشكلات المستقبلية.

- قد يسبب بعض النتائج السلبية إذا لم يتمتع المدير بقدر من الطاقات والقدرات الإبداعية وبُعد النظر، وتقديره للأمور.

- قد يعتمد عليه المدير لسهولته من ناحية، ولثقته بنفسه من ناحية أخرى، في حين يكون هناك أحياناً أسلوب آخر أكثر نجاعة وفائدة في التعامل مع الحالة.

وقد أشار (دركر) Drucker إلى أن القرار هو حكم شخصي، وهو اختيار من بين بدائل مختلفة بعضها صحيح وبعضها خاطئ، أو هو اختيار بين طريقتين للعمل أحدهما أقرب للصحة من الأخرى.

ورداً على (دركر) فقد بيّن (ستونر) Stoner أن منهج الرشد في اتخاذ القرارات يكون عائقاً أمام استخدام الحكم الشخصي، وذلك لأن الرشد يقوم على اختيار نوعية جيدة من الحلول معتمداً في ذلك على المنطق والرشد في استخدام المعلومات والتي تقود بدورها إلى اختيار الحلول المرضية.

وفي الوقت الحاضر فقد أصبح الحكم الشخصي- في القرارات ضرورياً ومطلباً للمنظمات الناجحة التي أصبحت تبحث عن أشخاص لديهم احتراف ومهنية عالية في اتخاذ القرارات. لذلك فإن التدريب وتعزيز الخبرات ضروري جداً للعاملين في المستويات الإدارية المختلفة من أجل تشكيل مهارة الحكم الشخصي لديهم[1].

---

[1] Harrisson F., The Managerial Decision-Making Process, P.116.

2. الخبرة والمعرفة: Experience & Knowledge

إن الأفراد يتعلمون من تجاربهم، ويمر المدير بالعديد من التجارب أثناء أدائه لمهامه الإدارية يخرج منها بدروس مستفادة من النجاح والفشل تنير له الطريق نحو العمل في المستقبل، وهذه الدروس المستفادة من التجارب الماضية غالباً ما تُكسِب المدير المزيد من الخبرة التي تساعده في الوصول إلى القرار المطلوب.

وترجع جذور هذا الأسلوب إلى "المدرسة التجريبية" The Empirical School التي يعتبر (آرنست ديل) E. Dale من روادها الأوائل. وفي مجال اتخاذ القرارات يرى أنصار هذه المدرسة أنه يمكن لمتخذي القرارات الاستفادة من خبرات المديرين الآخرين داخل المنظمة وخارجها، وذلك من خلال دراسة حالات النجاح التي حققها بعض المدراء، وكذلك الأخطاء التي ارتكبوها، والمحاولات التي تمت بهدف التغلب على مشكلات معينة. فهم يرون أنه إذا كان قد ظهر موقف معين أمام أحد المديرين الآخرين في وقت معين، أو حتى أمام ذات المدير وواجهه بأسلوب معين ونجح في ذلك، فلماذا يجهد تفكيره إذا ظهر هذا الموقف مرة أخرى ما دام من الممكن مواجهته بالأسلوب نفسه.

ولا تقتصر الخبرة المعنية في هذا الأسلوب على خبرة المدير متخذ القرار، ولكن يمكنه أيضاً التعلم والاستفادة من خبرات المديرين الآخرين الذين سبقوه ومن زملاؤه وتجاربهم في حل المشاكل الإدارية واتخاذ القرارات الصائبة.

لذلك يعتبر هذا الأسلوب من الأساليب التقليدية الهامة التي تمكن المدير من تدعيم الخبرة السابقة التي يتمتع بها، ومن الاستعانة بأسلوب المشاهدة من خلال إطلاعه ومشاهدته للأساليب التي يتبعها غيره من المديرين في حل المشكلات.

وبالرغم من ذلك فإن هناك مآخذ على هذا الأسلوب، منها أن هناك بعض المخاطر التي قد تترتب على اعتماد المدير على خبرته السابقة في اتخاذ قراراته. وذلك

لأن مثل هذه الخبرة قد يشوبها أخطاء أو فشل، كما أنها غالباً ما تتأثر بمستوى إدراك المدير للأسباب الحقيقية لخطئه أو فشله. يضاف إلى أن المشكلات الماضية قد تكون مختلفة عن المشكلات الحاضرة، وفي مثل هذه الحالة يصبح من غير المناسب تطبيق الدروس المستفادة من تجارب الماضي على تجارب الحاضر. كما أن القرار السليم يعتمد على الخبرة والمعرفة معاً ويؤديا إلى فعالية الحدس والحكم الشخصي، فالأفراد إذن يتعلمون من خبراتهم ومن أي موقف يمرون به.

3. إجراء التجارب: Experimentation

لقد بدأ تطبيق أسلوب إجراء التجارب في مجالات البحث العلمي، ثم انتقل تطبيقه إلى الإدارة للاستفادة منه في مجال اتخاذ القرارات. وذلك بأن يتولى متخذ القرار نفسه إجراء التجارب آخذاً في الاعتبار جميع العوامل الملموسة والاحتمالات المرتبطة بالمشكلة محل القرار، حيث يتوصل من خلال هذه التجارب إلى اختيار البديل الأفضل معتمداً في هذا الاختيار على خبرته العملية.

ومن **مزايا** هذا الأسلوب أنه يساعد المدير متخذ القرار على اختيار أحد البدائل المتاحة لحل المشكلات، وذلك من خلال إجراء التجارب على هذا البديل وإجراء التغييرات أو التعديلات على هذا البديل بناء على الأخطاء والثغرات التي تكشف عنها التجارب أو التطبيقات العملية، وبذلك يمكّن هذا الأسلوب المدير من التعلم من أخطائه ومحاولة تلافي هذه الأخطاء مستقبلاً.

ومن **المآخذ** على أسلوب إجراء التجارب أنه أسلوب باهظ الثمن وفادح التكاليف، ويستنفذ الكثير من الجهد والوقت. إذ ينبغي لإجراء التجارب الحصول على المعدات والأدوات والقوى العاملة اللازمة التي تتطلبها البرامج المعدة لتحقيق هذه التجارب[1].

---

[1] سعد الهذلي، مرجع سابق، ص45.

تجدر الإشارة إلى أنه قد يتم في مواقف معينة الجمع بين الخبرة والتجربة معاً لتحقيق الهدف. ومثال ذلك أن بعض الشركات المنتجة لسلعة معينة قد تحتاج إلى الاستفادة من خبرتها وخبرة الشركات الأخرى المنتجة لسلع مماثلة، بالإضافة إلى إجراء التجارب على ضوء هذه الخبرات حتى تتمكن الشركة من اختيار التجربة الأفضل.

4. دراسة الآراء والاقتراحات وتحليلها (الحكم الجماعي):

ويعني هذا الأسلوب اعتماد المدير على البحث ودراسة الآراء والاقتراحات التي تُقدم له حول المشكلة وتحليلها ليتمكن على ضوئها من اختيار البديل الأفضل. وتشمل هذه الآراء والاقتراحات تلك التي يقدمها المستشارون والمتخصصون والتي تساعد في تسليط الضوء على المشكلة محل القرار وتمكن المدير من اختيار البديل الأفضل.

ومن **المآخذ** التي تواجه هذا الأسلوب هي أن تطبيقه يتطلب تجزئة المشكلة الإدارية التي تواجه المدير متخذ القرار إلى أجزاء ودراسة كل جزء منها على حدى، وكذلك دراسة المشكلة ككل مع الأخذ بالاعتبار للعوامل الاستراتيجية المؤثرة فيها. كما أن تطبيقه من ناحية أخرى يتطلب إشراك المدير لكل من يساهم بآرائه واقتراحاته في اتخاذ القرار وكذلك إشراك المرؤوسين الذين يتولون تنفيذ القرار.

ورغم هذه المآخذ إلا أن **مزايا** هذا الأسلوب أنه أقل تكلفة من الأساليب التقليدية الأخرى، إذ أن الوقت والجهد المبذول والأدوات والأوراق المستعملة هي أقل تكلفة منها في إجراء التجارب مثلاً. بالإضافة إلى ذلك، فإن المدير يمكنه عن طريق الدراسات العميقة والتحليل الدقيق للآراء والمقترحات التي تقدم إليه من استنباط الكثير من الاستنتاجات، وخاصة التي تتعلق بالعوامل غير الملموسة المرتبطة بالمشكلة محل القرار، واختيار البديل الأفضل على ضوئها.

خلاصة القول، فإننا نجد مما تقدم أن الأساليب التقليدية لاتخاذ القرارات تعتمد على أسس ومعايير نابعة من شخصية المدير وقدراته ومعارفه. ورغم أن هذه الأساليب استطاعت أن تحقق قدراً كبيراً من النجاح في الماضي وفي ظل ظروف ومواقف معينة، إلا أن التطورات التي شهدتها الإدارة في مطلع القرن العشرين، وما خلقته هذه التطورات من مشاكل أكثر تعقيداً، أثبتت عدم كفاية الأساليب التقليدية لمواجهة معطيات التطورات الجديدة... ومن هنا اتجهت بعض الدول إلى استخدام الأساليب العلمية لمواجهة المشكلات الإدارية المعقدة التي تواجه المديرين.

- **ثانياً: الأساليب العلمية في اتخاذ القرارات (الأساليب الكمية)** *Quantitative Methods* (*QM*)

في هذا الأسلوب يتم الاعتماد على النماذج الرياضية والحاسبات الإلكترونية التي تقوم بتحليل البيانات والمعلومات بهدف الوصول إلى القرار المناسب في معزل عن الاجتهادات والخبرات والآراء الشخصية، وهو أسلوب يهدف إلى تقنين القرارات بمقاييس كمية رقمية بغرض الوصول إلى اتخاذ القرار المناسب.

وسنعرض فيما يلي أهم الأساليب العلمية (الكمية) التي يرى أغلب كتّاب الإدارة أنها تساهم في ترشيد عملية اتخاذ القرارات.

1. **بحوث العمليات:** Operations Research

ويقصد بها استعمال الأساليب الكمية مثل المحاكاة، وذلك بهدف بناء وتحليل مشكلة ما للوصول إلى حل رياضي مثالي. كما يعرفها ميلر وستار Miller & Star بأنها تطبيق الوسائل والطرق والفنون العلمية لحل المشكلات التي تواجه المديرين بشكل يضمن تحقيق النتائج المرغوبة.

ويرجع استخدام هذا الأسلوب إلى الحرب العالمية الثانية حيث استخدمت من قبل الجيش الأمريكي في ذلك الوقت، وقد ازدادت أهمية "بحوث العمليات" في مجال اتخاذ القرارات الإدارية بعد الحرب العالمية الثانية. ويهدف استخدامها إلى تطبيق

الأسلوب العلمي على دراسة الاحتمالات في أي مشكلة مـن المشكلات الإدارية بغرض تحقيق الهدف المطلوب[1].

ومن أهم خصائص بحوث العمليات ما يلي:

1. استخدام الأسلوب العلمـي مـن خـلال تحديـد المشكلة وأسباب حدوثها، ووضـع الفروض، واختبارها وتحليل البـدائل المتاحة للعمل علـى أساس صحة الفرض، ثم اختيار البديل الأفضل.

2. الارتكاز على الأسلوب الكمي من خـلال الأدوات والأساليب الرياضية لتحديد نسـق القرارات الواجب اتخاذها.

3. الاستعانة بتخصصـات مختلفـة مثـل المتخصصـين في العلـوم الرياضـية والإدارية والهندسية... الخ.

4. اتخاذ قرارات أكثر موضوعية.

كذلك تستطيع "بحوث العمليات" أن تمكن المديرين من اتخاذ القرارات على وجه أفضل، حيث أنها[2]:

1. تعطي وصفاً دقيقاً للمشكلة محل القرار والعوامل المـؤثرة أو المتداخلـة فيهـا، ومـدى تداخلها وأهمية كل منها.

2. تحدد البيانات اللازمة للتعرف على أفضل الحلول مع الإحاطة بأكثر عدد ممكن مـن الاعتبارات.

3. تحدد بدقة البدائل المقترحة كحلول للمشكلة، وتناقش كـل منهـا مـن حيـث التكلفـة والعائد ومدى المخاطرة فيها.

---

[1] فؤاد الشيخ سالم وآخرون، المفاهيم الإدارية الحديثة، ص118.
[2] محمد فهمي حسين، بحوث العمليات ودورها في اتخاذ القرارات، ص43.

4. تمكن متخذ القرار من مقارنة البدائل المقترحة للحلول، واختيار أفضلها بسرعة وكفاءة وبدرجة عالية من الدقة.

5. تكسب المقدرة على تبين النتائج، والتغيير في روتين أو نظام المنظمة، أو في المحيط الذي تقوم فيه بأعمالها.

وبالرغم من أن هذا الأسلوب يعتبر في نظر الكثير من علماء الإدارة من أهم الأساليب التي قدمها علماء الإحصاء والرياضيات في مجال اتخاذ القرارات، إلا أن ذلك لا يعني أن هذا الأسلوب لا يخلو من عيوب. فمن المآخذ عليه أنه يعتمد على تبسيط المشكلة محل القرار من خلال صياغتها في صورة نموذج رياضي، وهذا يتطلب تحديد للأهداف والمتغيرات والقيود والافتراضات التي يمكن أخذها في الاعتبار وتلك التي يمكن إهمالها، كما يتطلب توافر المعرفة الكافية لدى متخذ القرار من النماذج الرياضية. كما يؤخذ عليه أيضاً تركيزه المفرط على العوامل التي يمكن قياسها كمياً وعدم إعطاء أهمية للعوامل التي يصعب قياسها بشكل كمي.

إلا أن المآخذ السابقة لا تعني عدم جدوى هذا الأسلوب في ترشيد عملية اتخاذ القرارات. فالمآخذ السابقة يمكن علاجها من خلال تطوير وتحسين قدرات ومهارات المديرين في هذا المجال، ومن خلال الاستعانة بالحاسبات الإلكترونية التي تتضمن برامج خاصة لتسهيل الحصول على النماذج الرياضية. كما أن هذه المآخذ لا تقلل من أهمية هذا الأسلوب ودوره المتوقع في المستقبل في ترشيد عملية اتخاذ القرارات.

حيث يقول (ويليامز) Williams في هذا السياق: أن التقدم المتوقع في تطبيق هذا الأسلوب في السنوات المقبلة سوف يخلق ثورة فنية في مجال اتخاذ القرارات. وأن المديرين لن يستطيعوا أن يغفلوا استخدام أسلوب بحوث العمليات والأساليب الفنية التي تطبقها إذا كان عليهم أن يؤكدوا قدرتهم على البقاء في المقدمة في سباق المنافسة،

وأنه من المرجو أن يمتد استخدام هذا الأسلوب في مجال اتخاذ القرارات إلى أية قرارات مهمة تتخذ في أي مستوى من المستويات الإدارية.

2. نظرية الاحتمالات: Probability Theory

وتقوم هذه النظرية على استخدام فكرة الاحتمالات لبناء النماذج الرياضية واختيارها في سبيل التخفيف من درجة عدم التأكد ودرجة المخاطرة بعد قيام الإدارة بجمع المعلومات اللازمة في هذا المجال.

ومن أهم المعايير التي يمكن استخدامها لقياس الاحتمالات في مجال اتخاذ القرارات والتي كشفت عنها بعض الدراسات والبحوث في هذا المجال المعايير أو الطرق الأساسية التالية[1]:

1- الاحتمال الشخصي: Subjective Probability

الذي يحدد بموجبه درجة اعتقاد متخذ القرار في وقوع حادث ما، ويتم تحديد درجة الاعتقاد هذه بعد الأخذ في الحسبان عوامل متعددة أهمها: الخبرة السابقة لمتخذ القرار، وتجربته وممارسته العملية، ومستوى تطلعاته وتوقعاته وآماله وأهدافه.

2- الاحتمال الموضوعي: Objective Probability

الذي يتحدد عن طريق إجراء تجربة – قد تكون معملية أو ميدانية –، وذلك بحساب نوع وقوع حدث ما وفقاً لنتائج التجربة.

3. الاحتمال التكراري: Frequency Probability

ويتم فيه حساب الاحتمال على أساس أنه معدل تكرار الحدث في الأجل الطويل.

وقد أثبتت بعض التطبيقات العملية أن تطبيق نظرية الاحتمالات في مجال اتخاذ القرارات يساعد متخذ القرار في مواقف وحالات عدم التأكد وحالات المخاطرة في

---

[1] نواف كنعان، مرجع سابق، ص194.

تحديد درجة احتمال حدوث أحداث معينة تـؤثر في تنفيـذ القرار أو في تحقيـق النتائج المرغوبة، وقد لجأت الكثير مـن الشركات إلى تطبيق هـذه النظريـة في اتخاذ القرارات الخاصة بتحديد جودة إنتاجها عن طريق فحص عينات محددة من السلع التي تنتجها أو الأسعار المقترحة على أساس حصة المنتج في السوق.

إلا أن ذلك لا يعني أن تطبيق هذه النظرية يتم بسهولة، إذ هنـاك صعوبات قـد تعترض المدير عند تطبيقهـا، ومنهـا عـدم تـوفر البيانـات والمعلومـات الدقيقـة والواعيـة وخاصة التاريخية منها والتي تساعد متخذ القرار على تقدير الاحتمالات.

كذلك فإن اتجاهات المديرين بالنسبة لعدم التأكد تختلـف بـاختلاف السـمات والقدرات الشخصية والاتجاهات والقيم فيما بينهم، وهذا ينعكس بـدوره عـلى إمكانيـة تطبيق النظرية. بالإضافة لذلك فإن التطور الكبير الذي تشهده المنظمات الإدارية وتعقد وتشابك نشاطاتها وتعقد المشكلات الإدارية التي تواجه قياداتها، كل ذلك يشـكل عقبة في عملية التوقع أو تحديد درجة الاحتمال من خلال نظرية الاحتمالات.

3. أسلوب شجرة القرارات: Decision Tree

وهي وسيلة تسـتعمل في تحليـل القرارات، وهـي تعبر عـن الاختيـارات البديلة بمصطلحات كمية يمكن التوصل إليهـا أثنـاء عمليـة التمحيص لمشكلة مـا. ويتم تمثيـل سلسلة من القرارات الخيارية في شكل فروع، وتمثل النتـائج اللاحقـة الممكنة في شـكل مزيد من التفرعات. ونقطة الاتصـال التـي يجب عنـدها اتخـاذ القرار تسـمى "عقـدة القرار" Decision Node.

وترجع جذور أسلوب شجرة القرارات إلى مدخل النظم Systems Approach في اتخاذ القرارات والذي يقوم على التفاعل بين الأدوات والوسائل المستخدمة لاتخاذ القرار وبين البيئة المحيطة باتخاذ القرار، كما يفترض هذا المدخل أن هناك سلسلة من

التأثيرات تؤثر في عملية اتخاذ القرارات، بمعنى أن اتخاذ أي قرار في نظام فرعي يُنتج تأثيراً يكون له ردود فعل تنتشر في سلسلة متعاقبة في النظام وفي بيئته.

ومن هنا يجب على متخذ القرار أن يأخذ في الحسبان سلسلة التأثيرات هذه بقدر الإمكان عند اتخاذ القرار. وأن من الوسائل التي تساعد المدير في تطبيق سلسلة التأثيرات سواء في فهمه للنظام أو التنبؤ بتأثير قراراته في المستقبل، استعمال أسلوب شجرة القرارات الذي يقوم على افتراض مؤداه أن أي حالة انتقالية يترتب عليها مظهران: تأثير فوري، وحالة جديدة أو موقف به مشكلة اختيار.

ويصور (كونتز وأودنيل) Koontz & O'donnell هذا الأسلوب على شكل شجرة تتفرع منها (3) متغيرات هي:

- البدائل المطروحة لحل المشكلة موضوع القرار Alternatives.

- الاحتمالات Probabilities التي تمثل الكسب المتوقع أو الفشل.

- القيم Values التي تمثل إجمالي العوائد المتوقعة خلال فترة محددة.

فإذا كان هناك مثلاً مشكلة يواجهها المدير وكان أمامه بديلان وقرر اختيار أحدهما، فإنه سينتقل إلى حالة جديدة قد يواجهه فيها ثلاثة بدائل للاختيار. وطبقاً لمفهوم هذا الأسلوب فإن تحديد ما إذا كان الحدث المتوقع حدوثه مناسباً أم لا يتطلب من المدير متخذ القرار أن يحلل نتائج القرار (القيم) واحتمالاته من نهاية الشجرة إلى بدايتها حتى يصل إلى اختيار البديل المناسب على ضوء معايير واعتبارات أهمها: النتائج المتوقعة من كل بديل، الإمكانيات والموارد المتاحة لتنفيذ البديل، ودرجة المخاطرة ودرجة النجاح المتوقعة من البديل.

كذلك فإن أسلوب شجرة القرارات يمكّن متخذ القرار من رؤية البدائل المتاحة والأخطار والنتائج المتوقعة لكل منها بوضوح. إلا أن تطبيق هذا الأسلوب بفعالية يتطلب استعانة متخذ القرار، وخاصة في المواقف والحالات غير المؤكدة أو في المواقف

المعقدة، بالحاسب الإلكتروني لتقدير وتحديد درجة الاحتمالات المتوقعة. وكذلك تحديد إجمالي العوائد المتوقعة خلال فترة محددة من خلال تجميع الحاسب الإلكتروني للبيانات والمعلومات الخاصة بهذه الأمور وتحليلها للاستعانة بها في اختيار البديل الـذي يحقـق النتائج المرغوبة.

4. نظرية المباريات الإدارية: Game Theory

ويقوم هذا الأسلوب على افتراضات مبنيـة عـلى أسـاس التفكـير المنطقـي المسبـق الذي يقول بأن الإنسان يسعى إلى تحقيق أكبر قدر ممكن من الأرباح مع أقل قـدر مـن الخسارة، وأنه يتصرف بحكمة، وأن منافسه سيكون على نفس القدر من الفهم والحكمة في تصرفه.

وقد أسهمت هذه النظرية في حل المشكلات التي تتعلـق بوجـود منافسـة، حيـث ثبت جدواها في اتخاذ القرارات في مواقف وظروف المنافسـة، إذ في مثـل هـذه المواقـف يجد متخذ القرار أن المفاضلة بين البدائل المتاحة تتم في إطار المنافسة لقرارات تتخـذها شركة أخرى أو حتى دولة أخرى.

لقد أدركت الكثير من المـنظمات أهميـة الـدور الـذي يمكـن أن تسـهم بـه هـذه النظرية في ترشيد عملية اتخاذ القرارات، فقامت بإعداد بـرامج تدريبيـة للمديريـن لتدريبهم على كيفية استخدام نظرية المباريات في اتخاذ قراراتهم. وتقـوم هـذه الـبرامج على إعداد تمارين تطبيقية عملية على موقف معين مـن المواقـف الإداريـة، وذلـك مـن خلال تقسيم المباراة إلى عـدد مـن الجـولات يقوم خلالهـا المتدربون بمراجعة البيانـات المعطاة لهم واتخاذ القرارات على ضوئها، ويتم احتساب نتائج كل قرار بناء عـلى معايـير محددة مسبقاً بمعرفة هيئـة التدريب، ثـم يتم عـلى ضـوء تلـك النتائج إعادة دراسة الموقف واتخاذ قرار جديـد. وهكذا تستمر المباراة لعـدة جـولات، وفي النهايـة تعطـى النتائج، ويعقد اجتماع لتقويم المباراة والتعليق على أسلوب المتدربين المشاركين فيهـا في اتخاذ

القرارات. وبذلك يتيح هذا الأسلوب الفرصة للمتدربين لمعرفة العوامل التي تـؤثر في اتخاذ القرارات.

5. **أسلوب التحليل الحدي**: Marginal Analysis

يعتبر هذا الأسلوب من الأساليب التي استعان بها علماء الإدارة مـن علـوم أخـرى لتطبيقها على عملية اتخاذ القرارات. وقـد سـمي هـذا الاتجـاه "بالاتجـاه الاقتصـادي في الإدارة" وقد تبناه بعض علماء الإدارة والاقتصاد مثل (سايمون) Simon وذلك مـن خـلال المفاهيم التي قدمها عن تطبيق الأسس الاقتصادية في عمليـة اتخـاذ القـرارات الإداريـة والتي تعكس بوضوح مدى تأثر الإدارة العامة بالاقتصاد.

ويهدف هذا الأسلوب إلى دراسة وتحليل البدائل المتعددة المطروحـة أمـام متخـذ القرار والمفاضلة بين هذه البدائل لمعرفة مـدى الفائـدة أو المنفعـة المتحققـة عـن هـذه البدائل، مستخدماً في ذلك القواعد التي أوجدها التحليل الحدي كأساس للمفاضلة بـين تلك البدائل.

ومن أهم المعايير التي يستخدمها أسلوب التحليل الحدي في عملية المفاضلة بـين بدائل الحلول المطروحة أمام متخذ القرار معياران هما: التكلفة الحدية، والعائد الحدي. فالتكلفة الحدية (الإضافية) هي التكلفة التي تترتب على إنتاج وحدة إضافية، أما العائـد الحدي فهو الإيراد الإضافي المترتب على بيع وحدة إضافية.

مثال ذلك، إذا أنتج أحد المصانع سلعة ما وباعها وقيل عنه أنه يتاجر عـلى أسـاس حدي فمعنى ذلك أن الإيراد الإضافي الذي حصل عليه لا يغطي سـوى التكلفـة الإضـافية التي يتكبدها بإنتاج هذه السلعة. ومن هنا فإن اتخاذ القرار بتطبيـق هـذا الأسـلوب يفرض على متخذ القرار أن يختار البديل الـذي يحقـق عائـداً أو إيراداً حـدياً أعـلى مـن غيره [1].

---

[1] نواف كنعان، مرجع سابق، ص198.

ومن أهم مجالات تطبيق هذا الأسلوب القرارات التي تتخذ في ظل ظروف متغيرة والتي تتطلب من متخذ القرار الدقة في تقدير أحداث المستقبل التى يصعب التكهن بها، ويمكن للمدير عند اتخاذ مثل هذه القرارات الاستعانة بخبرات وآراء المختصين الذين غالباً ما يكون لديهم الخبرة الكافية في استخدام الطرق العلمية التي تساعد في الوصول إلى درجة عالية من الدقة في عملية التنبؤ بأحداث المستقبل.

6. أسلوب دراسة الحالات: Case Study

يعتبر من الأساليب الهامة في مجال اتخاذ القرارات، إذ أنه يساعد على تطوير وتحسين قدرات ومهارات المديرين على التحليل والتفكير الابتكاري لحل المشكلات الإدارية التي تواجههم.

ويقوم أسلوب دراسة الحالات على تعريف وتحديد المشكلة محل القرار والتفكير في أسبابها وأبعادها وجوانبها المختلفة، وتصور الحلول البديلة لها استناداً إلى المعلومات المتاحة عن المشكلة.

ومن الوسائل الهامة لتطبيق أسلوب دراسة الحالات بفعالية أسلوب التدريب على اتخاذ القرارات المسمى بـ **In-Basket Technique** والذي يهدف إلى تدريب المدير على كيفية اتخاذ القرارات في مواقف مشابهة للمواقف الفعلية التي تواجهه في عمله، وذلك عن طريق تلقيه مجموعة من الرسائل البريدية التي تتضمن مشاكل وحالات مختلفة ويُطلب إليه اتخاذ قرارات فيها على ضوء ما تتضمنه من معلومات.

ومن مزايا هذا الأسلوب أنه يتسم بالواقعية بالإضافة إلى أنه يتيح الفرصة أمام المدير للتعرف على مواقف ومشكلات جديدة والظروف التي سببتها والعمل على مواجهتها، بالإضافة إلى إضفاء عنصر التشويق والمتعة التي يتضمنها هذا الأسلوب. إلا أنه يؤخذ عليه أحياناً أن سهولة التوصل إلى حل للمشكلة أثناء التدريب قد يعطي المدير المتدرب انطباعاً خاطئاً عن سهولة اتخاذ القرارات، حيث يشعر أثناء التدريب أن

الموقف الذي واجهه في دراسة الحالات ليس موقفاً فعلياً يتطلب منه تحمل مسؤولية الحل مما يجعله لا يعطي أهمية لإيجاد بدائل الحل المناسبة للمشكلة محل القرار، بالإضافة إلى أن المواد الملائمة للحالات لا تكون دائماً متوافرة، ويحتاج إعداد الحالات إلى جهد كبير ووقت كاف، بالإضافة إلى التكاليف المترتبة على ذلك[1].

7. أسلوب البرمجة الخطية: Linear Programming

وهذا الأسلوب يستخدم بشكل كبير وخاصة للوصول إلى تخصيص الموارد المحدودة على الاحتياجات المتنافسة بأمثل الطرق. ويقوم هذا الأسلوب على افتراض وجود علاقة خطية بين المتغيرات المؤثرة في موضوع معين بحيث يمكن التعبير عن العلاقة القائمة بين المتغيرات المؤثرة بشكل معادلات خطية يتم حلها للوصول إلى القيمة الأفضل لتابع الهدف، وهو يستلزم وجود هدف واضح مطلوب تحقيقه كتخفيض الكلفة لأدنى حد ممكن أو لتحقيق أقصى ربحية ممكنة.

والمقصود "بالبرمجة" هنا أي استخدام نماذج بيانية أو جبرية لحل المشكلة وتحليلها. أما "الخطية" فتعني وصف للعلاقة بين متغيرين أو أكثر، وهي علاقة مباشرة تتغير بنفس النسبة.

وتنبع أهمية هذا الأسلوب من خلال اهتمامه بالمشكلات المتعلقة بتخصيص الموارد المحدودة (الأفراد، الأدوات، المعدات، الأموال) على أوجه الاستخدام الأمثل لتلك الموارد[1].

خلاصة القول، فإننا نجد أن الأساليب العلمية (الكمية) قد ساهمت إلى حد كبير في ترشيد عملية اتخاذ القرارات وبأن هذه الأساليب تتصف بكونها معيارية أو مثالية، بمعنى أنها لا تركز اهتمامها على ما هو كائن بالنسبة لعملية اتخاذ القرارات،

---

[1] محمد ياغي، التدريب الإداري بين النظرية والتطبيق، ص226.
[1] علي حجة، مرجع سابق، ص51.

وإنما تركز على ما يجب أن يكون وكيف يجب أن تتخذ القرارات وخاصة في المواقف، والظروف المتغيرة، وهي بذلك أحدثت تطويراً لافتاً في مفاهيم المديرين عن طبيعة القرارات وكيفية اتخاذها.

إلا أن تطبيق هذه الأساليب يتطلب توافر مستلزمات معينة نابعة من توافر قدرات ومهارات معينة لدى المديرين، بالإضافة إلى الحاسب الآلي لتسهيل الحصول على النماذج الرياضية. كما يلاحظ أن هذه الأساليب الكمية كانت نتاج دراسات وأبحاث قام بها علماء الاقتصاد والرياضيات مما أضفى عليها الطابع العلمي والكمي، ولذلك فهي لم تأخذ بالاعتبار أثر العوامل والاعتبارات السلوكية في عملية اتخاذ القرارات، والتي أثبتت التطبيقات العملية عمق تأثيرها في ترشيد هذه العملية.

وعليه فإننا نرى أن ترشيد عملية اتخاذ القرارات يتطلب الاستعانة بالأساليب التقليدية والعلمية على حد سواء في اتخاذ القرارات. وذلك لأن ترشيد عملية اتخاذ القرارات لا يتحقق إلا من خلال التكامل بين الأساليب التقليدية والعلمية لمواجهة المشكلات الإدارية المعقدة التي أوجدها التطور الحديث في مجال الإدارة، وإيجاد الحلول الصائبة لهذه المشكلات.

الفصل الخامس

أنواع القرارات الإدارية

- تصنيف القرارات وفقاً للناحية القانونية.

- تصنيف القرارات وفقاً لطبيعة القرار.

- تصنيف القرارات وفقاً لشكل القرار.

- تصنيف القرارات وفقاً للوظائف الأساسية بالمنظمة.

- تصنيف القرارات وفقاً لأهميتها.

- تصنيف القرارات وفقاً لأساليب اتخاذها.

- تصنيف القرارات وفقاً لظروف اتخاذها.

- خصائص القرارات الإدارية.

- القرارات الجماعية.

- متى تستخدم المجموعات.

- تقنيات لحل المشكلة الجماعية.

أنواع القرارات الإدارية

Types of Decisions

إن القرارات الإدارية يتم تصنيفها مـن قبـل علـماء الإدارة والأخصائيين إلى أنـواع

متعددة واستناداً إلى معايير عديدة.

● **تصنيف القرارات وفقاً للناحية القانونية** [1]:

تنقسم القرارات وفق هذا المعيار إلى أربعة أقسام رئيسية وهي:

1. **مدى القرار وعموميته:** ويتضمن ما يلي:

- القرار التنظيمي: وهي تلك التي تتضمن القواعد العامة الملزمة التي تطبق عـلى عـدد غير محدود من الناس، كاللوائح التنظيمية والسلطات والسياسات في المنظمة. ومهمـة هذا النوع من القرارات إنشاء أو إلغاء أو تعديل المراكز التنظيمية.

- القرار الفردي: وهي تلك التي تخاطب فرد محدد، كالقرار الصادر بتعيـين موظـف أو ترقيته أو فصله. وهذا النوع من القرارات إذن – على العكس من القرارات التنظيميـة – لا تضع قواعد قانونية بل تخاطب فرد محدد أو حالة محددة.

ويمكن أن نميز بـين القرارات التنظيميـة والقرارات الفرديـة بـالقول أن القرارات التنظيمية يمكن للإدارة تأخير إصدارها إلى تاريخ لاحق، لأن ذلك لا يتضمن اعتداء عـلى سـلطة الإدارة. أمـا القرارات الفرديـة فـلا تستطيع الإدارة إرجاء إصدارها إلى تـاريخ مستقبل. فمثلاً يجوز لإحدى الشركات أن ترفع سعر سلعة معينة تنتجها وترجئ تطبيق ذلك إلى السنة المالية القادمة، بينما لا تستطيع تعيين شخص وتحديـد تاريخ مباشرتـه لعمله في السنة المالية القادمة.

2. **تكوين القرار:**

---

[1] كاسر المنصور، مرجع سابق، ص25.

- قرارات بسيطة: وهي تلك التي لها كيان مستقل أو أثر قانوني سريع، وبساطة هـذا النوع من القرارات نابعة من كونها قرارات قائمة بذاتها، أو غير مرتبطة بعمـل قانوني آخر، مثل القرار الصادر بتعيين موظف أو مكافأته.

- قرارات مركبة: وهي التي تتألف من عملية قانونية تـتم عـلى مراحـل عديـدة. ومثل هذه القرارات لا تصدر مستقلة بل تصاحب أعمالاً إدارية أخرى قـد تكـون سـابقة أو معاصرة أو لاحقة على عمل إداري آخر مع وجود صلة الارتباط بينها جميعـاً، وغالبـاً ما تتم هذه القرارات على مراحل مثل إجراء مناقصة أو مزايدة.

3. أثر القرارات على الأفراد:

- قرارات ملزمة: أي واجبة ونافذة في حق الأفراد ويحتج بها عليهم، ومعظـم القـرارات التي تصدرها الإدارة من هذا النوع (الأوامر الإدارية).

- قرارات غير ملزمة: أي لا يُحـتج بهـا عليهم، ومـن أمثلتهـا النشـرات والتعليمـات التـي توضح إجراءات العمل.

4. قابلية القرار للإلغاء أو التعويض:

- قرارات قابلة للإلغاء أو التعويض مثل قرارات الفصل والعقوبة.

- قرارات غير قابلة للإلغاء مثل الأعمال التنظيمية التي يصدرها مجلس الإدارة.

● **تصنيف القرارات وفقاً لطبيعة القرار:**

حيث تقسم القرارات وفقاً لهذا المعيار إلى ثلاثة أقسام رئيسية وهي:

1. القرارات الأساسية والروتينية:

- القرارات الأساسية: هي التي تتطلب إجراءات كثيرة قبـل اتخاذهـا لمعالجـة المشـكلات التي لا تتكرر باستمرار، مثل اختيار موقع المشروع أو طريقة الإنتاج.

- القرارات الروتينية: وهي قرارات عادية في أمور واسعة مع توفر الوقت الكثير لها، فهي متكررة باستمرار وتتخذ لتعالج الأعمال المتكررة، مثل: الرقابة على جدولة الإنتاج.

2. **القرارات المبرمجة والقرارات غير المبرمجة:**

لقد قسم كونتز Koontz وأدونيل Odonell القرارات إلى نوعين وهما:

- القرارات المبرمجة: Programmed Decisions أي المجدولة، وهي القرارات المخططة سلفاً وتتناول مشكلة متكررة أو روتينية، حيث يتم تحديد أساليب وطرق وإجراءات حل أي مشكلة سلفاً أو التعامل معها.

ومن أبرز الأمثلة على القرارات المخططة مسبقاً إعادة طلب شراء نوع معين من المواد الخام أو قرارات التعيين والتوظيف والإجازات وغيرها. حيث يتم توضيح الإجراءات الخاصة بكل حالة من الحالات المذكورة مسبقاً، وذلك من واقع اللوائح المعمول بها في مجال المشتريات أو شؤون العاملين... الخ. وهذه القرارات تتخذ في المستويات التنفيذية.

- القرارات غير المبرمجة: Non-Programmed Decisions أي غير المجدولة، وهي القرارات التي تتغير مع تغير وتبدل موضوعات عملية اتخاذ القرار، أي أن هذه القرارات تتعامل مع المواقف غير المحددة أو غير المألوفة، مثل: ابتكار نوع جديد من السلع والدخول إلى أسواق تصريف جديدة، وقرارات التوسع وقرارات الاندماج. ومعظم هذه القرارات تتخذ في المستويات الإدارية العليا.

● **تصنيف القرارات وفقاً لشكل القرار:**

تصنف القرارات وفقاً لشكل إصدارها والإجراءات التي تسبق اتخاذها إلى قرارات مكتوبة وقرارات شفوية، وإلى قرارات صريحة وقرارات ضمنية.

- القرارات المكتوبة والشفوية: فالقرارات المكتوبة Written هي التي تكون في صيغة لائحة، تعليمات، أو أوامر مكتوبة. أما الشفوية Verbal فتصدر بصيغة الكلمة المنطوقة وليس الكلمة المكتوبة.

- القرارات الصريحة والقرارات الضمنية: فالقرار الصريح هو الذي يُعبر عنه صراحة. أما القرارات الضمنية فلا يتم التعبير عنها صراحة وإنما تستفاد من سلوك المدير، مثل طلب الموظف إذن من مديره بالانصراف أثناء ساعات العمل الرسمي فلا يرد عليه أو يُغير مجرى الحديث إلى موضوع آخر، فمثل هذا التصرف يوحي بأن المدير قرر رفض إعطاء الإذن للموظف.

● **تصنيف القرارات وفقاً للوظائف الأساسية بالمنظمة:**

ويمكن تصنيف القرارات وفق هذا المعيار إلى الأنواع التالية [1]:

- قرارات تتعلق بالعنصر البشري: وتتضمن القرارات التي تتناول مصادر الحصول على الموظفين، وطرق الاختيار والتعيين، وكيفية تدريب العاملين، وأسس تحليل وتوصيف الوظائف، وطرق الترقية ودفع الأجور، وكيفية معالجة الشكاوي، وعلاقة المنظمة بالنقابات العمالية وغير ذلك.

- قرارات تتعلق بالوظائف الإدارية ذاتها: مثل القرارات الخاصة بالأهداف المراد تحقيقها، والإجراءات الواجب اتباعها، والسياسات، وبرامج العمل، وقواعد اختيار المديرين وتدريبهم وترقيتهم، وأساليب الاتصال، والنمط القيادي الملائم، والمركزية واللامركزية... الخ.

- قرارات تتعلق بالإنتاج: وتتضمن القرارات الخاصة باختيار موقع المصنع، وأنواع الآلات المستعملة، وطريقة الإنتاج، ومصادر الحصول على المواد الخام. وطرق دفع أجور العاملين... الخ.

---

[1] نواف كنعان، مرجع سابق، ص249.

- قرارات تتعلق بالتسويق: وتشمل تلك التي تتعلق بنوعية السلعة التي سيتم بيعها وأوصافها، والأسواق التي سيتم التعامل معها، ووسائل الدعاية اللازمة، وبحوث التسويق، ووسائل نقل وتخزين المنتجات، وخدمات البيع وغيرها.
- قرارات تتعلق بالتمويل: ومن أمثلتها القرارات الخاصة بحجم رأس المال اللازم والسيولة، وطرق التمويل، ومعدلات الأرباح المطلوب تحقيقها وكيفية توزيعها... الخ.

- **تصنيف القرارات وفقاً لأهميتها:**

وقد صنفت القرارات وفقاً لهذا المعيار إلى ثلاثة أنواع رئيسية وهي:

- القرارات الاستراتيجية (الحيوية): وهي القرارات التي تتعلق بكيان التنظيم الإداري ومستقبله والبيئة المحيطة به. وتتميز القرارات الاستراتيجية بالثبات النسبي طويل الأجل، وبضخامة الاستثمارات أو الاعتمادات المالية اللازمة لتنفيذها، وبأهمية الآثار والنتائج التي تحدثها في مستقبل التنظيم، وبما يتطلبه اتخاذها من عناية خاصة وتحليلات لأبعاد اقتصادية ومالية واجتماعية. واختصاص هذه القرارات يكون منوط بالإدارة العليا نظراً لأهميتها للمنظمة.
- القرارات التكتيكية: وهي القرارات التي يتخذها غالباً رؤساء الأقسام أو الإدارات، أو ما يسمى بالإدارة الوسطى. وغالباً ما تهدف هذه القرارات إلى تقرير الوسائل المناسبة لتحقيق الأهداف وترجمة الخطط، أو بناء الهيكل التنظيمي، أو تحديد مسار العلاقات بين العاملين، أو تفويض الصلاحيات، وقنوات الاتصال، كما أن مثل هذه القرارات تتعلق بكيفية استغلال الموارد اللازمة للاستمرار في العمل سواء كانت مصادر مالية أو بشرية بما يحقق أعلى معدل من الأداء.
- القرارات التنفيذية: وهي القرارات التي تتعلق بمشكلات العمل اليومي وتنفيذه والنشاط الجاري في المنظمة. وتعتبر هذه القرارات من اختصاص الإدارة المباشرة أو

التنفيذية في معظم الأحيان. كما أن هذه القرارات تتميـز بأنهـا لا تحتـاج إلى المزيـد مـن الجهد والبحث من قبل متخذها، هذا فضلاً أن مثل هذه القرارات هي قصـيرة المـدى غالباً لأنها تتعلق أساساً بأسلوب العمل الروتيني وتتكرر باستمرار. ومـن أمثلـة هـذه القرارات تلك التي تتعلـق بالأسـعار والتسـويق والتخـزين وصرف العـلاوات الدوريـة وبتوزيع الأعباء على العاملين وبالأعمال المكتبية.

● **تصنيف القرارات وفقاً لأساليب اتخاذها:**

- القرارات الكيفية (الوصفية): وهـذا النـوع مـن القرارات يـتم اتخـاذه بالاعتمـاد علـى الأسـاليب التقليديـة القائمـة علـى التقـدير الشخصي- للمـدير متخـذ القرار وخبراتـه وتجاربـه ودراسـته للآراء والحقـائق المرتبطة بالمشكلة، ومـن هنا فإن مثل هـذه القرارات تتأثر بالاعتبارات التقديرية الذاتية مثل أحاسيس وإدراك واتجاهات وخلفية المدير الذي يتخذها.

- القرارات الكميـة (المعياريـة): وهـذه القرارات يـتم اتخاذهـا بالاعتمـاد علـى الرشد والعقلانية لمتخذها، والاعتماد كذلك على القواعد والأسس العلمية التي تساعده علـى اختيـار القرار الـذي يـؤدي إلى زيـادة ومضـاعفة عائـدات وأربـاح المنظمـة مـن بـين مجموعة من البدائل المتاحة. ويُفترض في اتخاذ مثل هذه القرارات وضـوح الأهـداف ومعقوليتها، وموضوعية متخذيها، وكفاية المعلومات المطلوبة ودقتها، وتوافر الخبرات والاختصاصات، وتفهم العوامل والمتغيرات المؤثرة في عملية اختيار البديل المناسب.

- **تصنيف القرارات وفقاً لظروف اتخاذها:**

بالنظر إلى الظروف المحيطة والتي يتم في ظلها اتخاذ القرار فإنه يمكن تصنيف القرارات إلى ما يلي[1]:

1. القرارات في حالة التأكد: Decisions Under Certainty

في ظل هذه الطريقة يتم اتخاذ القرار في ظروف طبيعية مستقرة ولا يوجد هناك متغيرات تؤثر على صانع القرار، وفيها يتم اتخاذ القرار بالمفاضلة الفورية المباشرة في ظل حالة طبيعية واحدة وفيها يكون لدى المدير متخذ القرار معلومات تامة وكاملة عن النتائج الخاصة بالقرار. وفي هذه الحالة يكون المدير متخذ القرار متأكد من نتائج كل بديل من البدائل المتاحة، وفي العادة يكون هناك نتيجة واحدة فقط لكل بديل متاح. غير أن معرفة المدير الكاملة عن النتائج الخاصة بالقرار هذه مستحيلة، لأن المدير مخلوق بشري غير كامل فالكمال لله وحده.

2. القرارات في حالة المخاطرة: Decisions Under Risk

في هذه الحالة يكون المدير متخذ القرار يعلم احتمالات حدوث النتائج ولكنه لا يعلم أياً من هذه النتائج سوف تحدث. وفي حالة المخاطرة يكون هناك عدداً متشعباً من النتائج لكل بديل ولا توجد معرفة كاملة باحتمالات حدوثها، لذا فإن قدراً من الاحتمالات يتم وضعه بالنسبة لكل نتيجة خاصة بكل بديل. والجدير ذكره أن المدير يُفترض فيه أنه ليس لديه القدرة في التحكم أو في مراقبة الظروف، ولكن لديه السلطة والقوة في زيادة أو إنقاص عدد البدائل[2].

---

[1] علي حجة، مرجع سابق، ص21.
[2] محمد ياغي، اتخاذ القرارات التنظيمية، مرجع سابق، ص21.

3. القرارات في حالة عدم التأكد (اللا يقين): Decisions Under Un-Certainty

وفي هذه الحالة يكون المدير يعلم بكل النتائج المحتملة لكنه لا يعلم باحتمالات حدوث كلا من هذه النتائج. ففي حالة عدم التأكد يكون هناك عدداً من النتائج لكل بديل ولا توجد معرفة باحتمالات حدوث كل نتيجة من هذه النتائج التي تساعد المدير متخذ القرار على المفاضلة بين البدائل المختلفة، ولا تتوافر للمدير متخذ القرار إلا معلومات جزئية عن الظروف أو احتمالات حدوثها.

وهذه الأنواع من القرارات (عدم التأكد) تعتبر أوسع انتشاراً من النوعين السابقين. لذلك ينصح متخذ القرار في هذا المجال باعتماد أحد المعايير التالية نذكرها باختصار[1]:

1. المعيار المتشائم: (قاعدة ابراهام والد Abraham Wald)

من خلال هذا المعيار يتم توقع أسوأ النتائج، بمعنى أنه إذا أراد المدير متخذ القرار حساب الأرباح فعليه أن يختار أقل النتائج لكل الاستراتيجيات وبعد ذلك يختار أفضل هذه النتائج، أما في حالة النظر إلى التكاليف فإنه يختار أعلى التكاليف لكل الاستراتيجيات وبعد ذلك يختار أقل هذه النتائج، ولكن يؤخذ على هذا المعيار أنه معيار متشائم.

2. المعيار المتفائل: Optimists' Criterion

وفق هذا المعيار فإن متخذ القرار يفترض أن الظروف المحيطة باتخاذ القرار تكون مواتية، بل تمثل أفضل الحالات، ولهذا يتوقع الحصول على أفضل النتائج.

3. معيار ليونيد هوروز (معيار الوسط بين التفاؤل والتشاؤم): Leonid Horwiez

وهو معيار توفيقي يقوم على أساس الجمع بين أفضل العوائد وأدناها لكل بديل، وذلك وفق الخطوات التالية:

[1] سعد الهذلي، مرجع سابق، ص39.

1. ننتقي أسوأ النتائج لكل استراتيجية.
2. ننتقي أفضل النتائج لكل استراتيجية.
3. يحدد مقدار التفاؤل (نظراً لعدم وجود احتمالات).
   أ. يحدد (واحد) إن كان متفائلاً جداً.
   ب. يحدد (صفر) إن كان متشائماً.
   ج. يختار رقماً بين الصفر والواحد إن كان أقل تشاؤماً.
4. يُضرب مقابل التفاؤل في أفضل نتيجة في كل استراتيجية.
5. يُضرب مقابل التشاؤم في أسوأ نتيجة في كل استراتيجية.
6. تجمع حصيلة الرقمين لكل استراتيجية.
7. ثم يختار:
   أ. أعلى رقم بين كل الحالات في حالة أكبر ربح.
   ب. أقل رقم بين كل الحالات في حالة التكاليف.

ولتوضيح ذلك يمكن أن ندرج المثال الآتي[1]:

الاستراتيجيات المقررة	حالات الطبيعة			
	ح1	ح2	ح3	ح4
س1	10	30	20	9
س2	12	15	22	19
س3	14	16	35	17
س4	20	14	13	25

جدول رقم (1)

مثال معيار ليونيد هوروز

[1] نفس المرجع السابق، ص41.

ومن ثم نقوم بحساب:

الأفضل			الأسوأ	
س1=	(0.6×30)	+	(0.4×9) =	21.6
س2=	(0.6×22)	+	(0.4×12) =	18
س3=	(0.6×35)	+	(0.4×14) =	26.6
س4=	(0.6×25)	+	(0.4×13) =	20.2

إذن، فإن الاستراتيجية الثالثة (س3) هي الأفضل لأنها تمثل أكبر العوائد (26.6) دينار.

4. **معيار العائد الوسطي الأعلى: (قاعدة لابلاس** Laplace)

ويقوم هذا المعيار عموماً على اعتبار تساوي احتمالات حدوث حالات الطبيعة، فيتم حساب الأوساط الحسابية لقيم الاستراتيجيات، وعليه يتم اختيار أفضل القيم في حالة العوائد وأقلها في حالة التكاليف، وإذا ما قيس هذا المعيار بالمعايير الأخرى فتكون هي الأفضل والأدق في حالة عدم التأكد.

5. **معيار الندم (معيار سافاج):** Minimization of Regret Criterion

وسمي هذا المعيار بهذا الاسم نظراً لأن متخذ القرار يقوم على اتخاذ قرار ما بعد حدوث حالة طبيعية معينة، ويُقدم على اتخاذه هذه الاستراتيجية، ولو استبدلها بغيرها لكانت النتائج أفضل مما كانت عليه. ولذلك يحدد مقدار الشعور بالندم بمقدار الفرق بين أعلى ناتج في حالة الطبيعة والنتيجة التي حصل عليها، وتبنى مصفوفة الندم بطرح كل قيمة في كل عمود من أعلى قيمة في ذلك العمود في حالة مصفوفة العوائد، وأقل رقم من باقي الأرقام في حالة التكاليف.

● **خصائص القرارات الإدارية:**

في إطار تصنيف (أنواع) القرارات الإدارية وتحديد خصائصها فقد قدم (أنسوف)

Ansoff الاقتراح التالي لتصنيف القرارات[1]:

1. **القرارات الاستراتيجية: Strategic Decisions**

التي تتخذ من قبل الإدارة العليا، مثل:

أ. قرارات اختيار مزيج السلعة – السوق التي تساعد على تعظيم معدل العائد على

الاستثمار.

ب. قرارات تخصيص الموارد على استخداماتها البديلة أو الخاصة بالفرص المرتبطة

بالسلعة والسوق.

ج. قرارات التنويع.

د. قرارات اختيار توقيت أزمنة البدء في التوسع غير المتكرر.

وعرفنا سابقاً أن القرارات الاستراتيجية تتصف بأنها غير متكررة كما أنها تحظى

بدرجة عالية من المركزية في اتخاذها.

2. **القرارات التنظيمية والإدارية: Organizational & Managerial Decisions**

وهي القرارات التي تتصف بالتكرار إذا قورنت بالسابقة، وتصدر عن الإدارة

الوسطى، ومن أمثلتها نذكر:

أ. القرارات الخاصة بإجراءات توزيع الموارد على استخداماتها البديلة.

ب. القرارات الخاصة بتنظيم الموارد وتملكها وتنميتها.

ج. القرارات التنظيمية المرتبطة بتدفق المعلومات وتحديد الحريات والصلاحيات المخولة

للأفراد (السلطة) وكذلك المسؤولين.

---

[1] كاسر المنصور، مرجع سابق، ص28.

د. القـرارات الخاصـة بخطـوات تنفيـذ وتـدفق الأعـمال والأنشـطة وتوزيـع الخـدمات والتسهيلات بين الأقسام أو الوحدات التنظيمية.

3. **القرارات التشغيلية:** Operational Decisions

تتصف هذه القرارات بدرجة عالية من المركزية وبالتكرار أي أنها مبرمجة، ومن امثلتها نذكر:

أ. توزيع الموارد المتاحة على الأنشطة الوظيفية الرئيسية.

ب. جدولة الإنتاج، وجدولة استخدامات وتشغيل الموارد.

ج. أساليب الإشراف والرقابة على العمليات.

د. تحديد مستويات التشغيل أي حجم الإنتاج ومستويات التخزين والمخزون.

هـ. القرارات الخاصة بالتسعير وسياسات التنمية والبحوث والتسعير... الخ، وتصدر هـذه القرارات من مستويات الإشراف وتعنى بالقرارات التشغيلية.

ولمختلف القرارات خصائص متباينة، ومعرفة هـذه الخصـائص أمـر ضروري وهـام لمتخـذ القـرار. والجـدول التـالي يوضـح خصـائص مسـتويات اتخـاذ القـرارات كـما يـرى (أنسوف) Ansoff:

الخاصية	مستويات اتخاذ القرارات		
	المستوى التشغيلي	**المستوى التكتيكي**	**المستوى الاستراتيجي**
تنوع المشاكل	متدني	متوسط	عالي
درجة التنظيم	عالية	متوسطة	متدنية
درجة الغموض	متدنية	متوسطة	عالية
درجة الاجتهاد	متدنية	متوسطة	عالية
الأفق الزمني	بالأيام	بالشهور	بالسنين
القرارات القابلة للبرمجة	أكثرها	بعضها	لا توجد
قرارات التخطيط	قليلة	النصف تقريباً	أكثرها
قرارات التنظيم	أكثرها	النصف تقريباً	قليلة

جدول رقم (2)

خصائص مستويات اتخاذ القرار

● القرارات الجماعية: Group Decision Making

إن القرارات الجماعية (التي تصنع من قبل المجموعة) تعتبر فعالة وخصوصاً في الحالات التي تكون فيها تلك القرارات ذات أثر مهم وكبير على التنظيم بشكل عام وعلى الأداء التنظيمي والأفراد بشكل خاص. وهناك العديد من الفوائد والمساوئ لهذه الطريقة من القرارات[1]:

المزايا:

1. الأفراد الذين يصلون لقرار معين من الممكن أن يدعموه.

2. تحسين القرارات المعقدة من خلال الإسهام بالخبرات والآراء في العديد من المجالات.

3. القرارات الجماعية أكثر ابتكاراً وإبداعية من القرارات الفردية.

4. توقع المشاركة من قبل الأفراد أفضل.

5. القرار الجماعي يوظف مواهب وقدرات الأفراد العاملين ذوي المعرفة.

وكما أن لكل عمله وجهان فإن لهذا النوع من القرارات الجماعية مساوئ وعيوب.

العيوب:

1. عدم الرغبة في المشاركة من قبل بعض العاملين بسبب الاختلافات الفردية والثقافية.

2. أن الموظفين الذين لا يمتلكون السلطة والمعلومات الكافية لن يشاركوا بفعالية.

3. المجموعات بطيئة – عموماً – في اتخاذ القرارات.

4. القرار الجماعي أكثر تكلفة من القرار الفردي.

5. أفراد الجماعة قد يؤيدون رأي الجماعة لاهتمامهم بتماسك المجموعة أكثر من التوصل إلى الحل المثالي.

---

[1] Daft. R & Noe R., Organizational Behavior, P. 355.

- **متى تستخدم المجموعات: When to Use Groups**

هناك العديد من المعايير التي من خلالها نستطيع تحديد مدى أهمية المشاركة الجماعية في صنع القرارات (أي صنع القرارات من قبل المجموعات) وهي:

1. متطلبات الجودة: كلما زادت أهمية جودة القرار زادت أهمية مشاركة القائد فيه.
2. متطلبات الالتزام: كلما زادت أهمية التزام العاملين تجاه القرار يجب إشراكهم فيه.
3. معلومات القائد: إذا كان القائد يمتلك المعلومات الكافية للقرار تقل أهمية المشاركة.
4. تركيبة المشكلة: كلما كانت المشكلة غامضة ومعقدة يجب إشراك المرؤوسين في التحليل واختيار البديل المناسب.
5. احتمالية الالتزام: مدى احتمال التزام العاملين بالقرار الذي يتخذه القائد لوحده.
6. تناسق الهدف: هل يشترك المرؤوسين بالأهداف التنظيمية المراد الوصول إليها.
7. صراع المرؤوسين: أي مدى إمكانية حدوث صراع بين المرؤوسين حول الحلول.
8. معلومات المرؤوسين: كلما امتلك المرؤوسين معلومات كافية للوصول إلى قرار عالي الجودة كلما أمكن أن يتحملوا مسؤولية أكبر في صنع القرار.

- **تقنيـات لحـل المشـكلة الجماعيـة:** Techniques for Group Problem Solving

1. تحدي افتراضات وأفكار المجموعات الأخرى وتحليلها (Devils Advocate).
2. الدفاع المتعدد: Multiple Advocacy: أي تعيين وجهات نظر مختلفـة لعـدة أفـراد، ومن المفترض أن يناقش كل شخص وجهة النظر المعطاه له. وهذا يـدفع المجموعـة نحـو الاستماع إلى مختلف الأفكار وتحليل البدائل المختلفة.
3. طريقة "الدلفي" Delphi: وهي طريقة فنية مهمة تستعمل في حالة الأعـمال الآجلـة التنفيذ طلباً لآراء الخبراء. وفيها يـتم اسـتخدام الاسـتبيان لجمـع الاجتهـادات والآراء المختلفة، ثم تزويـد الأفـراد بالتغذيـة العكسـية للمقارنـة والتحليـل، وتسـتمر هـذه العملية إلى أن يتم الوصول إلى الإجماع.
4. المجموعة الإسميـــة Nominal Group: وفيها يتم استخدام المقابلة المهيكلـة حيـث تتضمن ثلاثة أجزاء وهي: كتابة الأفكار الفردية، مناقشة الآراء معاً، التصويت السري على القرار.

الفصل السادس

دور السياسة في صنع القرارات

- مفهوم وطبيعة السياسة.

- المجادلات اللانهائية.

- أسباب اختلاف الناس في الآراء.

- هل الجدل ضرورة؟

- ما الذي تهدف إليه المصلحة الشخصية؟

- السلوك السياسي في اتخاذ القرار.

- القوة والسلطة.

- استخدام الخطط السياسية في صنع القرار.

- السلوك والنتائج السياسية.

- مرحلة تنفيذ السياسة.

- نماذج اللاقرار.

- السياسة: ظاهرة إيجابية أم سلبية.

دور السياسة في صنع القرارات

Politics in Decision Making

تنفرد السياسة، من بين العناصر التي تتحكم في صنع القرار بالكلمة الأخيرة، فالاقتصاد ونظرية الإدارة وأحوال السوق وما شابه ذلك ما هي إلا العناصر التي تعطي الشكل العام لصنع القرار، لكن السياسة هي التي تحدد في نهاية الأمر من الذي ينتفع داخل المنشأة وبما وكيف ومتى ينتفع. ولذلك يحتاج صنع القرار الفعال إلى تقدير جيد لطبيعة السياسة المتعلقة بالأمر وتقدير الخطط والسلوكيات السياسية السائدة.

- **مفهوم وطبيعة السياسة:**

تعرف السياسات Policies عنـد (كونتز وادونيـل) Koontz & O'donnell بأنها "قوائم عامة أو مفاهيم ترشد أو توجـه تفكير المرؤوسـين عند اتخـاذ القرارات في مختلف إدارات وأقسام المنظمة"[1].

ويعرفها (ديفز) Davis بأنها "تعني بصفة أساسية تعبير صريح أو ضمني عن المبادئ والقواعد التي وضعتها القيادة الإدارية لتسترشد بها المنظمة ولضبط الفكر والعمل بها"، كما يرى البعض أن السياسات الإدارية ما هي إلا قرارات.

وتدور السياسة وتركز على المضامين الرئيسية التالية:

- الاختلاف في الرأي.

- التباين.

- اللامساواة.

- عدم الإنصاف.

- القلة والمحدودية.

- المصلحة الشخصية.

وهذه المضامين مترابطة مع بعضها البعض ويفسر كل منها الآخر.

---

[1] Koontz H. & O'donnell C., Principles of Management, P. 87.

- **المجادلات اللانهائية:**

إذا حدث واتفق كل الأشخاص في المنشأة على جميع الأمور المطروحة في جميع الأوقات فلن يكون هناك أي نشاط سياسي، فالسياسة تدل في جوهرها على الاختلاف. وبطبيعة الحال يمكن لأي شيء في المنظمة أو المنشأة أن يكون محور اختلاف، سواء كان قضايا استراتيجية مثل إقرار بيع أو عدم بيع جزء من النشاط التجاري، أو كان قضايا عملية مثل الرقابة والسيطرة على ماكينات التصوير داخل المنشأة.

- **أسباب اختلاف الناس في الآراء:**

يأتي عدم الاتفاق من التباين بصورة عامة، ففي المنشآت التجارية وغير التجارية يسعى الأفراد إلى تحقيق أهداف مختلفة، وتنتج الإدارات المختلفة منتجات مختلفة، وقد يكون لها معايير مختلفة ومستويات متباينة للعاملين فيها وهكذا.

والتباين عادة ما يأتي مرادفاً لعدم المساواة، ففي المنشآت والمنظمات لا بد أن يكون هناك عدم مساواة في الأجور والمراكز ومستويات النجاح والمقدرة على الإنجاز وغير ذلك من الأنماط المشابهة. وتؤدي عدم المساواة إلى إيجاد حالات من اللا إنصاف فأحياناً تسمع مجموعة من العاملين يتذمرون لأنهم ينهون تحميل سياراتهم أسرع من غيرهم مثلاً.

وتعكس حالات اللا إنصاف هذه شعوراً بالدونية لدى البعض وإنكار حقهم في الوصول إلى السلطة. فقد تشعر مجموعة من الموظفين بأن مديرهم يفتقر إلى احترام مرؤوسيه ولا يثق بهم، وبالتالي يشعرون بأنه يقلل من قيمتهم. وليس من الواقعية النظر إلى هذه الاختلافات على أنها أمور وهمية، فأهم شيء هو أن الناس يعتقدون وجودها وهي التي تدفعهم إلى التصرف.

وترتبط عدم المساواة ارتباطاً وثيقاً بالقلة والمحدودية. ومن أمثلة ذلك في المنشآت: قلة مواقف السيارات، قلة المعدات والماكينات المتاحة، وقلة عدد العاملين وتجهيزات المكاتب. وهناك دائماً من يحصل على الأفضل في هذه الأمور وغيرها.

وحتى الأمور المعنوية مثل الدعم الأخلاقي والمدير والاهتمام، فإنها تنتمي كلها إلى عالم السياسة لاتسامها أيضاً بالمحدودية وعدم المساواة في توزيعها.

• هل الجدل ضرورة؟

تعتبر المصلحة الشخصية من المضامين الهامة في فهم النشاط السياسي. ويمكن تعريف المصلحة الشخصية بأنها الأمر الذي يجذب اهتمام الأفراد والجماعات، وتكمن المصلحة وراء المجادلات الكثيفة والمطولة التي تثار أحياناً حول موضوعات بسيطة. فمثلاً في أحد الأعياد يرغب بعض العاملين في المكتب الخروج معاً في المساء، بينما يفضل الآخرون الذهاب معاً للغداء، وتريد مجموعة الذهاب إلى نفس المكان الذي ذهبوا إليه في العام الماضي، وتريد أخرى مكاناً جديداً وهكذا... ويتولد الجدل من مصلحة كل شخص من وراء القرار. وهنا فإن بعض القضايا تتمتع أحياناً بأهمية كبرى تجعل منها محوراً للنزاع رغم كونها بسيطة أو ثانوية.

وفي أحوال كثيرة لا يمثل توزيع أو تحديد المهام المطلوبة من كل موظف داخل المنظمات أي مشكلة، ولكن تبقى القضية الحقيقية في تحديد مستويات المسؤولية. وعند هذه النقطة تظهر قلة المعرفة كباعث أساسي للاختلافات.

والسياسة هي التي تحدد للمنشأة المخاطر التي يتعين عليها مجابهتها والمخاطر التي يمكن تجاهلها. وتكمن القاعدة في أن سبب الاختلاف وعدم الاتفاق بصورة عامة يرجع إلى أن الأشخاص يهتمون ويقلقون لأمور مختلفة، ولا يستطيع أحد على الإطلاق معرفة المخاطر الحقيقية وراء أي أمر مطروح.

- **ما الذي تهدف إليه المصلحة الشخصية؟**

إن المنظمات والجمعيات تتعامل مع قطاع هائل من المصالح، منها المكشوف ومنها المخفي. وغالباً ما تتضارب هذه المصالح فيما بينها، ولكن الهدف الأساسي للمصالح يبقى إما لإحداث التغيير أو لمنع التغيير.

وتتضمن عملية صنع القرار إحداث التغيير، وهنا تصبح المصالح إما فاسدة أو رابحة. ونظراً لأن عامة الناس يفضلون الربح على الخسارة فمن الطبيعي أن يسعوا إلى التدخل للتأثير في صنع القرار لمصلحتهم.

- **السلوك السياسي في اتخاذ القرار:** Political Behavior in Decision Making

غالباً ما تكشف المنظمات والمنشآت عن مصالحها إلى درجة معينة لمصلحة جهات أخرى من خلال قنوات الاتصال الرسمية، مثل: الاستشارات المشتركة واجتماعات مجالس الإدارة ولجان المحافظة على الجودة وذلك من أجل تحقيق أهدافها. ولا يقتصر الكشف عن المصالح على هذه القنوات الرسمية، ولكن نجد على النطاق الأوسع أن الأشخاص ذوي المصالح يستخدمون كل ما في وسعهم من سلطات بهدف تحقيق ما يسعون إليه، ولذلك يتعين على صانعي القرار محاولة فهم طبيعة السلطات وتوزيعها داخل المنظمة أو المنشأة.

- **القوة والسلطة:** Power & Authority

إن مفهوما القوة والسلطة وثيقاً الصلة ببعضهما البعض. ويمكن تعريف القوة على أنها القدرة العامة على التأثير، أما السلطة فرغم صعوبة تحديد مفهومها بشكل دقيق، إلا أنه يمكن القول أنها المقدرة على تأمين إذعان الآخرين.

وهناك هيكلان للسلطة داخل الهيئات أحدهما رسمي والآخر غير رسمي. حيث تتعلق السلطة الرسمية بهيكل الصلاحيات داخل الهيئة حسب ما هو محدد في اللوائح وقواعد العمل وتحديد المهام وما شابه، أما السلطة غير الرسمية فتتعلق بقدرة

الأفراد أو الجماعات على ممارسة نفوذهم إما لنوعية شخصياتهم وإما لاطلاعهم على المعلومات أو لخبراتهم ولقدراتهم القيادية ومقدرتهم على تحقيق الثواب والعقاب.

ومن الناحية النظرية يحدد السلّم الوظيفي أنواع ودرجات السلطات داخل المنشأة، ولكن يمكن في الواقع لأي شخص في المنشأة اكتساب السلطة بغض النظر عن درجته الوظيفية، ولا يلزم أن يكون الأفراد ذوو المناصب السلطوية دائماً أقوياء.

اكتساب السلطة:

إن جميع المنظمات تمنح لموظفيها مجالاً محدداً لحرية التصرف. وهذه الحرية تهيئ الفرص لتنمية السلطة غير الرسمية، وذلك من خلال استغلال أبسط الأمور، مثل: الوقت والمعرفة المتخصصة وأحياناً موهبة التحدث.

فمثلاً يمكن للموظف الذي يهتم بمشروع جديد وينفذ بعض الأعمال المتعلقة به أن يحقق نوعاً من السيطرة، وبالتالي يكتسب قدراً من السلطة. وكذلك يمكن تحقيق إذعان أي موظف من خلال مكافأته بهدية رمزية أو عقابه بالرفض أو بالاستنكار، وتؤدي مثل هذه الأنماط السلوكية إلى بروز الموظف كشخصية قوية جداً. على سبيل المثال: نجح في إحدى الشركات موظف من درجة وظيفية متدنية في فرض رأيه عند اختيار جهاز الكمبيوتر الذي تحتاجه الشركة، لأنه قد تحمل مشاق دراسة ومعرفة مختلف الأنظمة. مما جعل الآخرين يعتمدون على نصحه وإرشاده، واستغل معرفته والوضع الذي آل إليه في التأثير على القرار طبقاً لمصالحه. ولم تظهر هذه السلطة في خطة تنظيم الشركة أو توزيع العمل بها، ولم تكن الشركة تعتزم إيجاد مثل هذه الصلاحية، ولكن الموظف رأى الفرصة واستغلها.

فقدان السلطة:

إن امتلاك السلطة يعتبر أمراً هاماً، ولكن كيفية استخدامها هو الأهم. فهناك مديرون - بعضهم على درجة وظيفية عالية - يفتقدون الرغبة أو المقدرة على استخدام سلطاتهم، ومن شأن هذا الضعف أن يعزز من فرص الآخرين في توسيع نطاق سلطاتهم بملأ الفراغ الحادث بصورة غير رسمية، مثل نائب المدير الذي لا يمتلك سلطة إصدار توجيهات بل يقتصر عمله على المساندة والإرشاد، حين يعمد إلى توسيع مجال صلاحياته فينظر إليه الناس على أنه هو المدير القائد.

- **استخدام الخطط السياسية في صنع القرار**[1]**:**

Using Political Plans in Making Decisions

إن السلطة سواء الرسمية أو غير الرسمية ليست سوى وسيلة لتحقيق هدف معين، ويجب إعدادها لكي تنجز هدفها المحدد. وهناك عموماً ثلاثة طرق رئيسية تنتهجها المصالح للتأثير في صنع القرار، وتتم جميعها بالسيطرة على:

1. المسببات العامة للقرار.
2. البدائل المطروحة.
3. المعلومات الخاصة بهذه البدائل.

وفيما يلي شرحاً موجزاً لهذه الأمور:

1. السيطرة على المسببات العامة للقرار:

ويعني ذلك من الناحية الأساسية تحديد الأهداف المرجوة والسياق العام للمناقشة الجارية سعياً وراء تحديد شكل النتيجة. وتكتسب هذه المصالح درجة من الشرعية من خلال قدرتها على تحديد الأهداف.

---

[1] هيلقا دومند، اتخاذ القرارات الفعالة، ترجمة: مصطفى إدريس، ص38.

على سبيل المثال: يصر أحد مشرفي الأقسام على أن كل القرارات التي سوف تتخذ يجب أن تكون لصالح القسم الذي يعمل به، ويضيف قائلاً: لا أستطيع أن أفهم كيف ستطبق نظرية تقسيم العمل في هذا القسم، فهو في الواقع يقول بأنه لا يحب فكرة تقسيم العمل، ويستغل معيار الاحتياجات الإدارية ليطبق ما يراه بالقوة. وبما أن المشكلات قلما تأتي واضحة ومحددة، وأن تحديد المشكلة هو أمر في غاية الأهمية على أساس أنه يحدد شكل الإجراء التالي الواجب اتباعه. فإن تحديد المشكلة يعتبر إذن هو محور النشاط السياسي حيث تسعى المصالح إلى استغلال الغموض والريبة المحيطة بهذا العمل، بحيث تستطيع تحقيق مآربها من خلال فرض صياغات خاصة.

2. **السيطرة على البدائل:**

إذ كثيراً ما نسمع جملاً مثل: (أليس هناك بديل؟) أو (لدينا اختياران فقط)، ومثل هذه الادعاءات غالباً ما تكون سياسية في طبيعتها، وتهدف إلى قَصْر- النقاش على الاختيارات التي تتماشى مع مصالح المجموعة أو مصالح الفرد. ويفسر هذا الأمر سبب اهتمام وثائق وبيانات المواقف بتحديد البدائل، وذلك لأن الناس بمجرد معرفتهم أن الاختيارات البديلة المطروحة محددة فإنهم قلما يعارضون.

3. **السيطرة على معلومات البدائل:**

تعتبر المعلومات أثناء صنع القرار مجالاً مهماً جداً، إذ نظراً لاعتماد تقييم الاختيارات على المعلومات المتاحة، يمكن للمصالح أن تحقق مآربها بالسيطرة على المعلومات الخاصة بالبدائل. فمثلاً في إحدى مقابلات العمل يفضل المدير مرشحاً خاصاً ويمسك عن الإشارة إلى المرشح البديل، ومثل هذه المعلومة قد تكون حاسمة لأنه ليس هناك مجال واسع للاختيار بين الاثنين، ولم تظهر أي إشارات للبديل الآخر إلا بعد تعيين المرشح الأول.

وبالمثل كانت مجموعة من المديرين مصممة على شراء نوع معين من ماكينات تهذيب الحشائش، ومن ثم حصلوا على مصادقة مديرهم العام على هذا الاختيار بقولهم أنهم سمعوا تقارير مضادة عن جودة وتكلفة قطع الغيار بالنسبة للأنواع الأخرى، وبرغم أن ما قالوه كان مبالغاً فيه، لكنه كان كافياً لتأمين القرار المطلوب.

● **السلوك والنتائج السياسية:**

تعتبر كل الأنشطة المتعلقة بصنع القرار أنشطة سياسية بصورة أو بأخرى، فكافة التلميحات والمعلومات والآراء والمسببات تعكس دافعاً خفياً. ومن الطريف في هذا السياق أن الأمير النمساوي في القرن التاسع عشر (مترنيخ) K. Metternich مثلاً عندما سمع بموت أحد سياسيي البلاد قال: إني لا أتعجب ماذا يقصد بموته هذا.

وكثيراً ما تشكل القرارات انتصاراً لصالح مجموعة على مصالح المجموعات الأخرى. مثال ذلك، أن إحدى الشركات كانت تعاني من صعوبة توريد منتجاتها للعملاء بسبب الأعطال المتكررة في أسطول النقل التابع لها، وكان مدير النقل يضغط على المدير الإقليمي من أجل إبدال المتعطل من شاحنات النقل، ولكن محاسب المجموعة أعرب عن معارضته للاقتراح قائلاً: إن الشركة لتوها خارجة من أزمة مالية، وبعد ذلك عمد مدير النقل إلى توجيه كل الشكاوي الواردة من العملاء إلى المدير المالي الإقليمي. وفي خلال أسبوع تم شراء شاحنات جديدة.

نرى من هذا المثال أن السياسات داخل الشركة يمكن أن تؤدي إلى:

1. الاتفاق.

2. حل ما برغم عدم الاتفاق.

وكذلك يمكنها أن تحل المشكلة أو تأتي بمشكلة. ومن أجل حل مشكلة النقل بهذه الشركة أوجد المدير المالي الإقليمي مشكلة أخرى بتجاهله لآراء المحاسب.

وما نجده هنا من القرارات التلقائية وإيجاد توترات من ناحية أخرى إنما يعني بأن المنشآت والشركات تعيش في حالة من التذبذب المتواصل، حيث تصر المجموعات أو الأفراد المعارضة للقرار على متابعة مصالحهم، بينما يسعى الآخرون إلى حماية مكتسباتهم. وبعبارة أخرى لا يكون القرار قراراً إلا إذا كان هو القرار الذي تريده أنت وإلا سيعتبر انتكاسة في سياسة الشركة.

● **مرحلة تنفيذ السياسة** [1] Political Implementation :

يمكن تعديل الانتكاسات وإصلاح ما فسد أثناء مرحلة التنفيذ، ولكن تفويض الصلاحيات لمسؤولين آخرين يتيح الفرصة للتخريب، لأنه يزود الآخرين بمجال أوسع للتصرف. وتساعد الطبيعة العادية للاتصالات الإدارية على تيسير عمليات التعطيل والتخريب، وذلك لأنها تسهل على الناس تبرير تقاعسهم عن تنفيذ القرارات بأن تصرفهم كان نتيجة لسوء الفهم. ومن بين أساليب التعطيل السياسية ما يلي:

1. تجاهل التعليمات.

2. تعطيل العمل أو المعدات.

3. تفسير التعليمات حسب الرغبات.

وفيما يلي شرح لهذه الأساليب.

1. تجاهل التعليمات:

كان الملوك في القرون الوسطى يصرون على أن يروا رؤوس خصومهم مقطوعة أمامهم، وكان هذا هو التأكيد الشرعي الوحيد على تنفيذ الحكم. أما (هتلر) فكان على النقيض، إذ كان يجهل أن مساعديه كثيراً ما لا ينفذون توجيهاته. وكانت مشكلته

---

[1] هيلقا دومند، نفس المرجع السابق.

مشابهة لمشكلات مديري اليوم الذين لا يسمح لهم وقتهم من متابعة تنفيذ قراراتهم والتأكد من ذلك.

مثال ذلك: أنه في إحدى الهيئات أمر المدير التنفيذي موظفي الإدارة بإنشاء نظام مركزي للأرشيف والمعلومات، وكان يفترض تنفيذ هذا التوجيه فوراً. وما عجز عن إدراكه هو أن موظفي الإدارة كانوا معارضين لفكرة تقاسم المعلومات المتوافرة لديهم، بالإضافة إلى معارضتهم للقيام بالأعمال المصاحبة لتغيير أنظمة الملفات والمعلومات الموجودة. ومضت (6) أشهر ولم يقم الموظفين بأي إجراء، وطلب المدير تفسير للوضع فأرجع الموظفين هذا التأخير إلى ضغط العمل، ورفض المدير بالطبع هذا التبرير وأكد لهم وجوب تنفيذ التعليمات الصادرة.

ومضت (3) أشهر وأفاده الموظفون بأنهم سيقومون بذلك فوراً. وبعد (3) أشهر أخرى لم يكن هناك أي تقدم في العمل، وتعلل الموظفون بتخوفهم من احتمال انهيار أرضية الغرفة المخصصة للأرشيف الجديد بسبب ثقل دواليب الحفظ، وبأنهم ينتظرون نتيجة المسح الهندسي لكي يتحركوا في ضوئه، ونفذ صبر المدير الذي أكد مرة أخرى وجوب التنفيذ. وبعد شهر لم يحدث شيء وقال الموظفون إنهم كانوا يأملون التغلب على مشكلة أرضية الغرفة بوضع نظام الأرشيف في الدور الأرضي، ولكن تعطلت الأمور لأن الموظفين العاملين في ذلك المكان ما زالوا يعملون به، ولكنهم سوف ينتقلون قريباً.

فما كان من المدير إلا أن صب عليهم جام غضبه وأمرهم بوضع نظام الأرشيف والمعلومات في الغرفة المحددة أصلاً لذلك وبصورة فورية، وبعد أيام ظهرت بالغرفة بعض الدواليب شبه الخربة وتوقفت الإجراءات عند ذلك. وسأل المدير عن الأمر فقالوا له كنا نعتقد أنك ستؤمّن لنا دواليب جديدة، فأجاب بأنه طلب فعلاً أثاثاً جديداً، ولكن ميزانية الأثاث تجمدت لبضعة أشهر، واستطرد قائلاً: استخدموا

الدواليب القديمة. وعمد الموظفون إلى ملء الغرفة بالدواليب - وأغلبها خرب (قديم) - واطمأن المدير التنفيذي إلى أن العمل الحقيقي قد بدأ، ولكنه فوجئ بهم يقولون أنهم في انتظار وصول الملفات!

2. التعطيل والإعاقة:

تتراوح أنماط التعطيل ما بين المعارضة الشديدة والسلبية وأحياناً المقاومة الخفية، ويصعب جداً مواجهة القوى الخفية لأنها ببساطة غير معروفة (مجهولة).

على سبيل المثال: كانت مجموعة من المديرين التنفيذيين في إحدى الشركات معارضين لتطبيق النظام الجديد الذي يقتضي بأن يعملوا في ورديات منفصلة، وعلموا أن النقابة العمالية تعارض هذا النظام أيضاً لأسباب تخصها. فأوعز هؤلاء المديرون إلى النقابة سراً بأن تضغط على الشركة وتجبرها على إيقاف النظام الجديد.

ويوضح هذا المثال أنه عندما يقول أحد الموظفين إن بعض زملاؤه الآخرين لا يريدون إجراء ما، فهذا يعني في أغلب الأحيان أنه هو الذي لا يريد الإجراء أصلاً. والحقيقة أنه يمكن استغلال مثل هذه الأساليب في مناورات سياسية مفيدة لأطراف معينة.

3. تفسير التوجيهات حسب الأهواء:

إذ غالباً ما تخرج قرارات السياسة المعقدة في شكل موجز أو مبهم، مما يتيح للأطراف المهتمة مجالاً واسعاً للتصرف في نطاق تفسير القرار. فمثلاً كان هناك قرار يقضي بتنفيذ سياسة تساوي الفرص في كل التعيينات في إحدى الهيئات. ويمكن هذا عند تطبيقه أن يعني: شعاراً يخص إعلانات التعيين، أو التزامات محددة لتغيير نمط استشارة طلب العمل أو تدريب كوادر الإدارة على أساليب لقاء المرشحين على أسس متساوية.

وغالباً ما يفتقر صانعو السياسة ذاتهم إلى النظرة التفصيلية للشكل العام الذي ينبغي أن تكون عليه قراراتهم عند التنفيذ. فمثلاً يبقى قرار الارتقاء بالجودة الإدارية دون معنى إذا لم تحدد ماهية الجودة، ولذلك كثيراً ما يعمد المسؤولون التنفيذيون إلى تفسير القرارات بحيث تتماشى دائماً مع ما يرونه شخصياً، وبالتالي يمكن أن تكون النتيجة مختلفة كثيراً عن التصور الذين كان لدى صانعي القرار. إذ من الممكن أن تنقلب السياسة المثالية لنفع ورفاهية موظفي منظمة معينة إلى نموذج ظالم في أيدي الإداريين ذوي التوجهات البيروقراطية.

- **نماذج اللاقرار:**

عرفنا سابقاً أن عدم اتخاذ أو صنع قرار قد يكون قراراً في حد ذاته. واللا قرار هو أيضاً شكل من أشكال النشاط السياسي يدور حول قمع مصالح طرف آخر أو إفشالها، وهو من أفضل السبل للحيلولة دون تغيير الأوضاع في منظمة ما عن طريق ضمان عدم إثارة قضية التغيير على الإطلاق. وتتضمن خطط كبح اتجاهات التغيير (أساليب اللاقرار) ما يلي:

- الإبقاء على انعدام إدراك الأمور الأخرى (غياب المعرفة).
- السيطرة على جدول أعمال المنظمة.
- التمسك بأعراف وتقاليد المنظمة.
- الاستشهاد باللوائح.
- السلبية النظامية.

- **السياسة: ظاهرة إيجابية أم ظاهرة سلبية:**

غالباً ما ينظر الناس إلى السياسة على أنها أمر ينذر بعواقب سلبية. وقد تكون هذه النظرة محقة إلى حد ما، ولكن يمكن استغلال السياسة أيضاً كوسيلة إيجابية وذلك من أجل:

- الحفاظ على الاستقرار.

- إحداث التغيير،

- الحيلولة دون إصدار قرارات خاطئة.

وليس هناك دليل واضح على أن المشاركة تزيد من إنتاجية العمل، ولكنها قد تسهم في الحفاظ على الاستقرار بجعل الناس يشعرون بأنهم يتمتعون بتأثير ما على القرارات، وبتوفير متنفس للتوترات العامة. إلى جانب ذلك يفضل التعرف على مصادر المعارضة بدلاً من دفعها للعمل الخفي، وإثارة المتاعب بسبب عدم السماح لها بالتعبير عن آرائها بصراحة.

يعتبر الاختلاف في الرأي ومتابعة المصالح من أكبر الدواعي للتغيير. ويمكن للضغوط السياسية الناجمة عن ذلك أن تدفع صانعي أو متخذي القرار إلى العمل وتمنعهم من الركون إلى الرضا عن النفس وعن مستوى الأداء، وإن كان الموظفون غير مبالين مثلاً تجاه ما إذا كان يتعين تنويع الإنتاج أو إدخال تقنيات جديدة في العمل، فسوف تصاب المنظمة بالجمود وعدم التطور.

ومن القيم الإيجابية الأخرى للسياسة مقدرتها على الحيلولة دون إصدار قرارات خاطئة، وذلك من خلال تعبئة الضغوط المعارضة فربما نكره من يعارضنا داخل المنظمة، ولكننا نحتاج إليهم لإنجاز العمل، ولذلك قد نأخذ بآرائهم.

فعلى سبيل المثال نُسبت هزيمة الجيش الألماني في الحرب العالمية الثانية إلى الطاعة العمياء للنظام الصارم، وإلى السلطات الشمولية لهتلر الذي كان يعمد إلى قمع من يفوقه حنكة من بين معاونيه. وكان رئيس الوزراء البريطاني (تشرشل) على النقيض من ذلك يعمل في بيئة سياسية محضة، فلو حاول التدخل في شؤون قادته العسكريين مثلما كان يفعل (هتلر) لقاموا جميعاً بتعبئة الضغوط ضده، ويشارك في ذلك زملاؤه في الحرب وأعضاء مجلس الوزراء والمعارضة والصحافة، مما كان سيخلق جواً من

الاضطراب في البلاد من أجل إقناعه بالعدول عن سياسته. ويُبرز هذا المثال السمات غير المستحبة في الديموقراطية، وبالتأكيد فإن الديموقراطية تختلف عن الدكتاتورية التي تتمتع بالخيال الواسع وبالقوة في دفع الشعوب إلى العمل المنظم، ولكنها أي الديموقراطية تهيء الكوابح الضرورية لمنع رجل واحد من إلقاء شعب بأكمله على طريق الكوارث.

وأخيراً، فإن من أهم التوجهات التي يمكن لمتخذي القرارات الخاصة برسم السياسات الاسترشاد بها لواضعي السياسات الإدارية ما يلي[1]:

1. مراعاة واضعي السياسات المرونة في وضع السياسات، حتى تتاح الفرصة لاستخدام العقل وأعمال الفكر. لهذا غالباً ما نجد واضعي السياسات يستخدمون بعض الألفاظ المرنة عند وضع السياسات مثل ".. إلا إذا اقتضت ذلك الضرورة القصوى" أو ".. كلما أمكن ذلك".

2. مراعاة واضعي السياسات الجدوى الاقتصادية للسياسة، والتي تتمثل في احتياجات تنفيذ السياسة. وهذه قد تكون عامة كالأموال، أو خاصة كالمعلومات والموارد والأدوات والقوى العاملة المدربة.

3. مراعاة واضعي السياسات الجدوى السياسية للسياسة، والتي تعني إمكانية قبول السياسة من قبل المواطنين، وخاصة القائمين على تنفيذها والمشرفين على متابعة هذا التنفيذ. وهذا يعتمد بدوره على طبيعة الهيكل السياسي للدولة، وعلى قدرات ومهارات واضعي السياسة، كما يعتمد على قدرة السياسة على اجتذاب الآخرين لدعمها والعمل على إنجاحها.

---

[1] نوآف كنعان، مرجع سابق، ص103.

الفصل السابع

الاتصالات ودورها في اتخاذ القرارات

- الاتصالات الفعالة.

- عناصر عملية الاتصال.

- أشكال الاتصالات.

- اتجاهات الاتصالات.

- معوقات الاتصالات.

- أنماط المدراء في مواجهة المشكلات.

- فكرة التنظيم كشبكة اتصال.

- شبكات الاتصال والقدرة على معالجة المعلومات.

الاتصالات ودورها في اتخاذ القرارات

إن الاتصالات، هي عملية تفاعل وتبادل للمعلومات والبيانات والأفكار بين طرفين وتسير في اتجاهات مختلفة، والمدراء متخذو القرارات يعتمدون على المعلومات المتوفرة بنسبة عالية عند اتخاذهم لقراراتهم، لذلك فإن نظام الاتصالات يعتبر على جانب كبير من الأهمية بالنسبة لمتخذ القرار.

● **الاتصالات الفعالة: Effective Communications**

إن الاتصال الفعال يساعد الإدارة على اتخاذ القرار بدرجة عالية من الحكمة والرشد ودون إبطاء. ووصول المعلومات المطلوبة بعد الوقت المحدد لوصولها أو وصولها مشوبة بالنقص والتشويش ينعكس سلبياً على القرار، مما يخرجه بشكل ضعيف هش.

كما أن نظام الاتصال الفعال يساعد الإدارة على تغيير سلوك العاملين، حيث تتعرف على قدراتهم، وتضمن استقبالهم لرسالتها بصورة صحيحة، وتفهمهم لمضمونها ومن ثم تغير سلوكهم بموجبها، ولكن لا يحدث ذلك إلا إذا كانت الاتصالات فعالة، إذ للفرد حرية الانتقاء والاختيار للمعلومات، كما أن له حرية القصور الاختياري للمعلومات وبالطريقة التي تتفق مع احتياجاته حتى ولو عمد إلى التشويش [1].

وهناك عدداً من النقاط التي اصطلح على تسميتها بالوصايا العشر ـ للاتصال الجيد، والتي وضعتها جمعية إدارة الأعمال الأمريكية وهذه النقاط هي:

---

[1] علي حجة، مرجع سابق، ص213.

1. خطط جيداً قبل الاتصال.

2. ما الذي تريده من هذا الاتصال.

3. تأكد من ظروف الطرف المستقبِل (الوقت، السرية - العلانية).

4. استشر المعنيين في موضوع الاتصال للمساهمة في تحقيق الأهداف.

5. حافظ على لهجتك (دون رفع أو خفض الصوت).

6. خاطب حاجات الأفراد.

7. شجع الأفراد المعنيين للتعبير عن ردود فعلهم.

8. راعي الاهتمامات الطويلة الأجل.

9. إقرن الأقوال بالأفعال ليقتنع بها العاملين.

10. كن حسن الاستماع.

- **عناصر عملية الاتصال**: Elements of Communication Process

لا بد من الإشارة إلى أن عملية الاتصالات تتضمن الأطراف الرئيسة التالية[1]:

1. المرسل: Sender وهو الجهة التي تبعث وترسل المعلومات بقصد إثارة سلوك محدد.
2. قناة الاتصال: Channel وهي الوسيلة التي يراها المدير أو المرؤوس مناسبة لنقل التعليمات، أو أية معلومات أخرى يتطلبها العمل.
3. المستقبل: Receiver وهو الطرف الذي يتلقى الرسالة أو المعلومات المرسلة.
4. الرسالة: Message تعني مجموعة المعاني التي يرسلها المرسل للمستقبل عبر القنوات المناسبة بهدف التأثير في سلوكه. وإلى جانب هذه العناصر فلا بد من وجود القنوات وهي الوسائل التي تستخدم لنقل المعاني وهي إما لفظية أو كتابية، أو تقنية، أو تصويرية. وكذلك فهناك رموز تستخدم في نقل المعلومات وقد تكون لفظية أو حركية أو رمزية.

---

[1] Daft R. & Noe. R, op. Cit, P. 306.

5. التغذية العكسية (الراجعة): Feedback وهي عملية تبين جدوى التعليمات ومدى نجاحها في تحقيق ما هدفت إليه.

ويمكن تصوير عناصر عملية الاتصال حسب الشكل التالي:

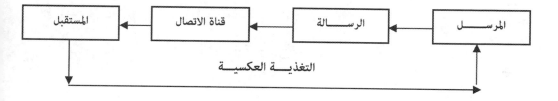

شكل رقم (5)

عناصر عملية الاتصال

ومن ذلك نجد أن عملية الاتصالات هي عملية توصيل قدر من المعلومات والحقائق من جهة تملكها، إلى جهة تحتاج إليها لإنجاز عمل أو لاتخاذ قرار أو لتغيير سلوك وغيرها.

- **أشكال الاتصالات:**

إن الاتصالات تتم من خلال شكلين أساسيين وهما:

1. الاتصالات الرسمية Formal: وذلك من خلال إتباع الخطوط التنظيمية داخل المنظمة، وذلك عن طريق اتباع أسلوب محدد لنقل المعلومات من المستوى الإداري الأدنى إلى المستوى الأعلى داخل المنظمة أو خارجها (الاتصال الرأسي). أو بين المستويات الإدارية التي تقع ضمن نفس المستوى الإداري (الاتصال الأفقي).
2. الاتصالات غير الرسمية Informal: وهي تلك الاتصالات التي يقوم بها الأفراد ليس بحكم وظائفهم ومواقعهم داخل الهياكل التنظيمية، ولكن تأخذ الطابع الشخصي- وفق علاقاتهم الشخصية وصداقاتهم وصلات القربى بينهم أو التوافق الفكري بينهم.

● اتجاهات الاتصالات:

هناك اتجاهين رئيسيين للاتصالات وهما:

1) اتصالات فردية: من خلالها يتم إعطاء المعلومات من الرئيس إلى المرؤوسين مباشرة، ودون مناقشة لهم أو معرفة لوجهات نظرهم.

2) اتصالات مزدوجة: وفي هذا الاتجاه يتم نقل وإعطاء المعلومات من الإدارة إلى العاملين أو من العاملين إلى الإدارة، ومن خلال هذه الطريقة تتعرف الإدارة على وجهات نظر العاملين وردود أفعالهم باستقبالها للمعلومات القادمة من جهتهم.

وفي الواقع فإن هناك عدة اعتبارات هامة يجب توضيحها بالنسبة لتوصيل المعلومات ومن أهمها[1]:

1. أن الاهتمام يجب ألا يقتصر على وسائل وأدوات الاتصال بل يجب الاهتمام أيضاً بمضمون الاتصال وهدفه.

2. أن عملية الاتصال لا يجب أن ترتبط بإجراءات ثابتة بل ويجب اعتبارها عملية ديناميكية ومتحركة وترتبط بصميم عملية اتخاذ القرارات.

3. أن عملية الاتصالات ذات اتجاهات متعددة وليست في اتجاه واحد من أعلى إلى أسفل.

4. أن نظام الاتصال ليس مجرد مجموعة إجراءات ولوائح وخط سير للعمل الرسمي بل يجب الاهتمام أيضاً بالعنصر الإنساني المرتبط به.

---

[1] محمد ياغي، اتخاذ القرارات التنظيمية، ص212.

● **معوقات الاتصالات:**

هناك عدداً من نقاط الضعف التي تشوب عملية الاتصالات والتي تؤثر في النهاية على صنع القرار والتي يرجح مردها إلى الأمور الأساسية التالية[1]:

1. الفروقات الفردية:

حيث يختلف الأفراد في طرق تفكيرهم وفي ميولهم وأهوائهم، وذلك ينعكس على تفسير كل منهم للرسالة ومضمونها، فالفرد الذي يربطه برئيسه علاقة غير ودية أو غير طيبة سيفسر رئيسه الرسالة بطريقة تختلف عن تلك التي يفسر بها شخص آخر في نفس الفريق نفس الرسالة.

كما أن الأفراد وضمن نفس المستوى الاجتماعي أو المستوى الإداري يكونون أقرب للتفاهم فيما بينهم مما لو اختلفت تلك المستويات.

2. طبيعة التنظيم:

هناك عدد من النقاط التي تعيق الاتصال بسبب طبيعة التنظيم الإداري ومنها ما يلي:

أ. تعدد المستويات الإدارية: وهذا يترتب عليه ضرورة مرور الرسالة في عدد غير قليل من المستويات الإدارية مما يفقدها قيمتها، فقد تصل بعد فوات الأوان، وقد تفسر بمفاهيم مختلفة، وقد تتعارض المصالح مما يعرضها للتحريف.

ب. عدم تجانس الفريق: كاختلاف المستويات التعليمية والاختصاصات والثقافات والعادات والميول والأهواء وغيرها.

ج. المركزية الإدارية: وهذا يعني ضرورة رجوع الفرد لرئيس واحد في الكثير من الأمور، مما يقلل من سرعة الاتصال والإنجاز.

3. معوقات تكتيكية:

حيث يمكن تلخيص الأدوار التي يقوم بها المدير في سبيل اتخاذ القرار بما يلي:

---

[1] علي حجة، مرجع سابق، ص216.

أ. دور المبادأة في تحسين وتطوير المنظمة من خلال إدخال أفكار أو مشروعات أو تغييرات جديدة.

ب. دور مواجهة المخاطر (التهديدات)، مثل قيام المدير بمواجهة أو التعامل مع حالات الإضرابات العمالية.

ج. أدوار التخصيص، ويرتبط هذا الدور بتخصيص الموارد المالية والبشرية على استخداماتها البديلة في المنظمة أو الإدارة أو تقييم القرارات الهامة التي يقوم باتخاذها الأفراد قبل إصدارها.

د. دور المفاوض سواء مع العملاء أو مع الموردين عند عقد الصفقات أو حل المشكلات أو النزاعات الداخلية منها والخارجية.

ويمكن توضيح ذلك حسب الشكل التالي:

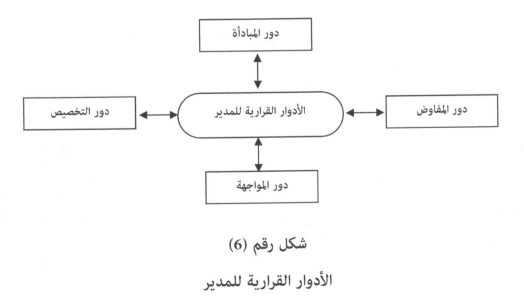

شكل رقم (6)

الأدوار القرارية للمدير

● **أنماط المدراء في مواجهة المشكلات:**

يختلف المديرين في أساليب تعاملهم مع المشكلات الإدارية التي تواجههم في حياتهم العملية، وذلك حسب النحو التالي[1]:

- **التركيز على المشكلة:**

عندما يشعر المدير بعدم توافر المعلومات لديه عن المشكلة فإنه يتخذ موقفاً استشارياً أو انعكاسياً على النحو الآتي:

1. الأسلوب الاستشاري:

وهنا يلجأ المدير إلى الحصول على ما يريد من معلومات من مرؤوسيه أو رؤسائه، كما قد يتطوع بإعطاء المعلومات للآخرين، وهذا الأسلوب مفيد في الحالات أو الظروف التالية:

أ. عندما تتوافر الثقة المتبادلة بين المدير والعاملين معه في نقل المعلومات بأمان.

ب. عندما تكون هناك مصلحة مشتركة في تبادل المعلومات.

ج. عندما يشعر كلا الطرفين بحاجته إلى تشخيص المشكلة من خلال الأسئلة المتبادلة.

د. عندما يشعر أحد الطرفين أو كلاهما بقصور معلوماته عن المشكلة ويشعر بأهمية المناقشة واستشارة الطرف الآخر.

2. الأسلوب الانعكاسي:

ويعتمد هذا الأسلوب على إثارة الآخرين للحديث عن المشكلة بتزويد ما يقوله البعض عنها على مساهماتهم ثم الإنصات لما يدلون به، وعادة ما يستخدم هذا الأسلوب في الحالات التالية:

أ. عندما يحيط الغموض بطبيعة المشكلة.

ب. عندما يكون هناك تردد من جانب المتقدم بالمشكلة.

---

(1) نفس المرجع السابق، ص218.

ج. عندما تتعارض أهداف صاحب المشكلة أو مثيرها مع المستمع إليه.

د. عندما تنعدم الثقة بين مقدم المشكلة والطرف الآخر.

هـ عندما يشعر المدير بصعوبة في التوصل إلى ما يسعى إليه مقدم المشكلة.

ويمكن التفريق بين هذين الأسلوبين وفق الشكل التالي:

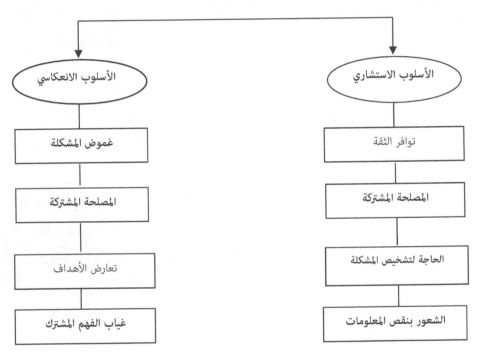

التركيــــز على المشكلـــــة

الأسلوب الانعكاسي	الأسلوب الاستشاري
غموض المشكلة	توافر الثقة
المصلحة المشتركة	المصلحة المشتركة
تعارض الأهداف	الحاجة لتشخيص المشكلة
غياب الفهم المشترك	الشعور بنقص المعلومات

شكل رقم (7)

التركيز على المشكلة حسب الأسلوبين (الاستشاري والانعكاسي)

- التركيز على الحلول:

عندما يشعر المدير أن الوقت قد حان لإيجاد حل للمشكلة التي تواجهه يمكنه أن

يستخدم حينئذ أحد الأساليب التالية:

1. **الأسلوب التفاوضي:**

وهنا يقدم المدير تنازلاً مقابل الحصول على تنازل آخر، ويفضل اتباع هذا الأسلوب في الحالات التالية:

أ. عندما يكون معلوماً للطرفين أن هناك مصلحة مشتركة في حل المشكلة.

ب. عندما تقوم علاقتهما على أساس احتياج كل منهما لمساعدة الآخر.

ج. عندما يتوافر لدى الطرفين الرغبة في العمل معاً على الرغم من فقدان الثقة.

2. **أسلوب الأمر المستتر:**

حين يلجأ المدير متخذ القرار إلى هذا الأسلوب فإنه يقدم أوامره في صفة اقتراحات ويكون من الملائم اتباع هذا الأسلوب في ظل الظروف الآتية:

أ. عندما يتوافر الإلمام الكامل بالمشكلة.

ب. عندما يثق المتقدم بالمشكلة فيمن يتقدم إليه بها.

ج. عندما تكون هناك حاجة ماسة للعديد من الأفكار.

د. عندما يسأل الطرف الآخر عن الحل المناسب.

هـ. عندما يراعي الحل الذي تقدمه النواحي الفنية في المشكلة.

3. **أسلوب الأمر الصريح:**

يعتمد المدير الذي يستخدم هذا الأسلوب على سلطاته الإدارية، لذلك فهو يأمر الآخرين بتنفيذ ما عليهم من واجبات. ويفضل اتباع هذا الأسلوب في الحالات أو الظروف التالية:

أ. عندما يكون هناك اتفاق مسبق بين الأطراف المعنية بالمشكلة فيما يتعلق بالحقوق والواجبات وسلطة كل مدير.

ب. عندما يكون كل من المدير والعاملين معه على معرفة تامة بالموقف ويشعرون بضرورة استخدام هذا الأسلوب.

ج. عندما يستطيع المدير تشخيص المشكلة وتتوافر لديه كل المعلومات التي تمكنه مـن اتخـاذ قرار بشأنها مع توافر ثقة العاملين فيه.

د. عندما لا يكون هناك متسع من الوقت ويقبل العاملون الأسلوب المباشر.

هـ عنـدما يكون هناك الكثير من المهام التي يجب تنفيذها ويملك المدير سلطة إصدار الأوامر وتربط العاملين معه علاقات طيبة.

ويمكن التفريق بين هذه الأساليب الثلاثة في حل المشكلة حسب الشكل التالي:

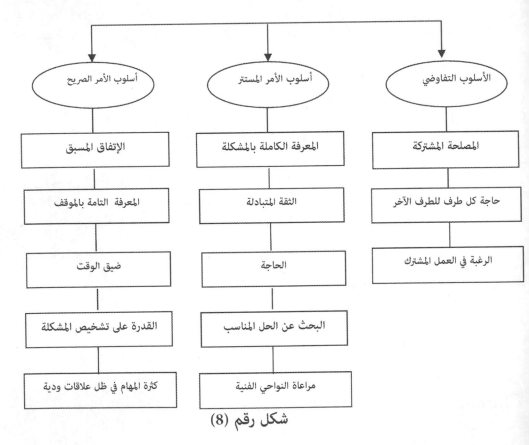

التركيز علـــى الحـــل

شكل رقم (8)

التركيز على الحل وفق الأسلوب: (التفاوضي، المستتر، والصريح)

- **فكرة التنظيم كشبكة اتصال:Organization as a Communication Network**

إن الهيكل التنظيمي الأجهزة الإدارية عنصر أساسي يستند إليه عمل الإدارة، وإن كل وظيفة من وظائف الهيكل التنظيمي يعتبر مركزاً للاتصال، كما أن الهيكل التنظيمي نفسه يعتبر نظاماً لمراكز الاتصال. لذلك فإن عملية الاتصال ليست مجرد عملية ثانوية، وإنما هي أساس ترتكز عليه عناصر العملية الإدارية، فهي أداة فعالة للتأثير في السلوك الوظيفي. ونجد أن عملية اتخاذ القرار تتوقف سلامته على نوع ودقة المعلومات التي تصل إلى المدراء.

وعلى الرغم من أن الهيكل التنظيمي يعمل على تسهيل الاتصالات إلا أن هناك مجالات لتشويه المعلومات ما دام الأفراد هم الذين يشغلون الوظائف ويمارسون الأدوار. وإن تنفيذ الأعباء الملقاة على عاتق التنظيم الإداري يعتمد على حجم وقيمة الحقائق والبيانات التي يستطيع التنظيم تجميعها والحصول عليها من البيئة المحيطة به، وعلى قدرته في توصيل هذه البيانات والمعلومات إلى جميع المراكز المسؤولة في الوقت المناسب. وقد تبين أن الاتصال هو العصب الحساس للتنظيم والعامل المؤثر في قدرته وكفايته نحو تحقيق أهدافه، لذلك فإن النظرية تعتبر التنظيم في أساسه جهاز اتصال مبني على عدة تبريرات منطقية أهمها[1]:

1. تعتبر هذه النظرية أن التنظيم بمثابة وحدة حية متحركة ومتطورة وليس كيان ثابت.
2. تؤمن هذه النظرية بالتجربة العملية، وتعتمد على نوع المعلومات المتوافرة عن المشكلة موضوع النظر، للدور بالغ الحساسية الذي تؤديه عملية الاتصال.
3. تتخذ هذه النظرية الإدارية بعض العناصر عن العلوم البيولوجية والطبيعية كعنصر التوازن، فعدم تحقيق هذا التوازن يؤدي إلى عدم تحقيقها لأهدافها، وإضعاف معنويات أفراد التنظيم الذي يعملون فيه.

---

(1) محمد ياغي، اتخاذ القرارات التنظيمية، مرجع سابق، ص215.

4. إن هذه النظرية تسمح بتفهم طبيعة العلاقات القائمة بين الأفراد العاملين في المنظمة من جهة، وبين تراكيب القوى السائدة داخل هذه المنظمة من جهة أخرى.

5. أن تحليل نطاق ونوع الاتصال الذي يتم داخل التنظيم الإداري يساعد في التعرف على الدرجات النسبية المركزية أو اللامركزية السائدة في النظام.

وهكذا نجد أن الاتصال التنظيمي هو الرابط الحتمي للمنظمة وبدونه لن يكون لها كيان أو وجود، وتأسيساً على هذه الاعتبارات فإننا أميَل إلى النظرية التي تعتبر التنظيم شبكة من الاتصالات المنظمة للعلاقات بين أفراد التنظيم ووحداتها الإدارية حيث تتم الاتصالات من خلالها.

• شبكات الاتصال والقدرة على معالجة المعلومات::

يستخدم مصطلح "شبكات المعلومات" Information Networks كمرادف لمصطلح "نظام المعلومات" Information System حيث استخدمت اليونسكو UNISCO في تعريف شبكة المعلومات بأنه نظام للمعلومات وهو مجموعة من العناصر ذات الصلة فيما بينها، تشترك في تحويل المعلومات من الأشخاص الذين ينتجونها إلى المستفيدين منها. واستخدام مصطلح شبكات المعلومات يعني ربط وحدات المنظمة باستخدام الحاسوب ووسائل الاتصال الأخرى لتحقيق انسياب المعلومات بين الوحدات المختلفة في المنظمة. وقد وصفت شبكة الاتصالات بأنها بانسياب وتدفق المعلومات عبر قنوات مكونة من أشخاص يعملون كمراكز اتصالات، وكل وحدة تقوم باستقبال وإرسال المعلومات.

إلا أن هناك خلل يحدث للرسالة بعد استلامها في إحدى هذه المحطات وقبل إرسالها منه إلى مركز آخر أو إلى نطاقها الأخير، وهذا ما يسمى بالتشويه أو غربلة المعلومات.

فالمعلومات هنا ليست مقيدة بأشكال الاتصال التقليدية كالمذكرات الكتابية والتقارير والخطابات الشفوية. فهذه نعتبرها نوع واحد من أنواع المعلومات التي نحن بصددها، أما النوع الآخر فهو يتمثل في الخطط الزرقاء والميزانيات الموجودة في المستودعات أو المخازن. وبمعنى آخر فإن أية خصائص لعملية ما يمكن أن يلاحظها الفرد ويسجلها هي معلومات كامنة تصلح لشبكة الاتصالات.

لقد كانت افتراضات النظرية الإدارية القديمة تشير إلى أن الهرم التنظيمي لقنوات الاتصال أكثر فاعلية في حل المشكلات التنظيمية. وقد تبين لاحقاً أن اللامركزية أكثر فعالية في حل المشكلات التنظيمية المعقدة، كما أظهرت أهمية الاتصالات وأثرها على القرارات التنظيمية.

وأهم الأنماط المستخدمة في شبكات الاتصال ما يلي [1]:

1. نمط العجلة: The Wheel

والذي يتيح لعضو واحد فقط في المحور أن يتصل بأعضاء المجموعة الآخرين، وأن الأعضاء لا يستطيعون الاتصال المباشر إلا بالرئيس، أي أن الاتصال يتم فيما بينهم عن طريقه فقط، واستخدام هذا النمط يؤدي إلى تركيز سلطة اتخاذ القرارات في الرئيس.

2. نمط الدائرة: The Circle

وفيه يكون كل عضو مرتبط بعضوين، أي أن كل فرد يستطيع أن يتصل اتصالاً مباشراً بفردين آخرين. وأنه يمكنه الاتصال ببقية أفراد المجموعة بواسطة أحد الأفراد الذين يتصل بهم اتصالاً مباشراً.

---

[1] محمد ياغي، نفس المرجع السابق، ص220.

3. نمط السلسلة: The Chain

وفيه يكون كل الأعضاء في خط واحد حيث لا يستطيع أي منهم الاتصال المباشر بفرد آخر، إلا إذا كان أحد الأفراد الذين يمثلون المراكز الوسطية. ومن الملاحظ أن الفرد الواقع في منتصف السلسلة يتمتع بنفوذ كبير في منصبه الوسطي.

4. نمط الكامل المتشابك: Completely Connected

وفيه يتاح لكل من أفراد المنظمة الاتصال المباشر بأي فرد فيها، أي أن الاتصالات هنا تتجه كل الاتجاهات. غير أن استخدام هذا النمط يؤدي إلى البطء في عملية توصيل المعلومات، وإمكانية زيادة التحريف فيها، وبالتالي يقلل من إمكانية الوصول إلى قرارات سليمة وفعالة.

ويمكن توضيح أنماط الاتصال السابقة حسب الشكل الآتي:

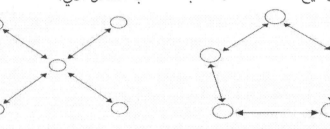

٢- العجل   ١- الدائرة

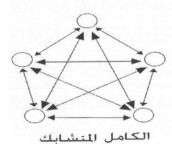   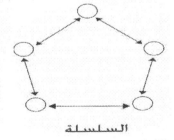

الكامل المتشابك   السلسلة

شكل رقم (8)

شبكات الاتصال

إن تفسير أثر أنماط الاتصال على اتخاذ القرارات يتضح من خلال مفهومين وهما: الاستقلالية Independence والتشبع Saturation ويقصد بالاستقلالية أي الحرية المستقلة التي يمكن للفرد بموجبها العمل مع مجموعة من الأفراد، وأن استقلالية عمل الفرد يمكن أن تتأثر بعوامل مختلفة كسهولة الحصول على المعلومات، العوامل الموقفية، تصرفات أعضاء المجموعة، إدراك الفرد للموقف. أما بالنسبة للإشباع فيقصد به الإفراط الزائد في الاتصالات بين المحور أو الرئيس ومرؤوسيه، الأمر الذي يؤدي إلى تحريف المعلومات لأنها تمر في مراكز اتصال عديدة.

وبمعنى آخر فإن التشبع يكون في النموذج المركزي حيث يكون هناك إفراط زائد في الاتصالات مما يؤدي إلى انشغال المدير في اتخاذ القرارات الروتينية بدلاً من القرارات المعقدة التي تحتاج إلى وقت وجهد ومعلومات دقيقة. لذلك فإن شبكة الاتصالات اللامركزية أقل تعرضاً للتشبع وأكثر فعالية في حل المشكلات المعقدة.

ومن ناحية أخرى، فقد أدرك (سايمون) Simon أن المشكلة الرئيسية التي تواجه عملية اتخاذ القرارات هي تخزين ومعالجة المعلومات، لذلك فقد اقترح بأن يستند تصميم البناء التنظيمي على تحليل عملية اتخاذ القرارات إلى عناصرها الأولية بدلاً من تقسيم العمل على أساس وحدات إدارية. وعليه فإن هياكل السلطة (الهياكل التنظيمية الرئيسية) ستستفيد من عملية تحليل القرارات، وبناء على ذلك يتم تحليل مشكلات اتخاذ القرارات المعقدة إلى مشكلات فرعية توكل إلى وحدات اتخاذ القرارات التي تتمتع بقدر من الاستقلالية.

وأخيراً، فإن هذا المدخل يقودنا إلى المزايا التالية:

1. التقليل من عبء التنسيق والجدولة اللازمتان داخل كل وحدة إدارية.

2. إمكانية إنتاج مخرجات أكثر تجانساً في كل وحدة من تلك الوحدات الإدارية ما دامت الحاجة لتبادل المعلومات بين وحدات اتخاذ القرارات أصبحت قليلة.

3. التقليل من درجة التشويش في المعلومات وفقدانها الناجم عن طول قنوات الاتصال من خلال تقريب متخذي القرارات إلى مراكز المعلومات.

الفصل الثامن
نظم دعم القرارات والإدارة الإلكترونية

* مفهوم نظم دعم القرار والإدارة الإلكترونية.

* عمل ومكونات الإدارة الإلكترونية.

* فوائد الإدارة الإلكترونية.

* دور تقنيات المعلومات الإدارية في الإدارة الإلكترونية.

* أصل أنظمة دعم القرار.

* نظم دعم القرارات وأهميته للإدارة الإلكترونية.

* الاتجاهات المستقبلية لأنظمة دعم القرار.

* مشروع الجيل الخامس للحاسبات وعلاقته بنظم دعم القرارات الإدارية.

نظم دعم القرارات والإدارة الإلكترونية[1]

Decisions Support Systems (DSS) & E-Management

نظراً للتطور الكبير في كافة مجالات تكنولوجيا المعلومات وانخفاض أسعارها أخذت الدوائر والمنظمات المختلفة تتسابق في استخدام أحدث الابتكارات في المجال الإداري، وساعد أيضاً ظهور شبكة الإنترنت في جعلها أكثر تأثيراً في إنجاز أعمال هذه الدوائر، مما حدى بالإدارة الحالية إلى أن تعتمد اعتماداً كبيراً على تكنولوجيا المعلومات، لأن استخدام هذه التكنولوجيا المتطورة تساعدها على تبسيط الإجراءات وتقليل استخدام الورق أقل ما يمكن.

• مفهوم نظم دعم القرار والإدارة الإلكترونية:

إن نظم دعم القرار (Decision Support Systems) عامة هي تكنولوجيا للحاسب يمكن استخدامها لدعم مواقف اتخاذ القرارات المعقدة، وهي تعد تكنولوجيا جديدة ومتنامية في مجال حل المشكلات وتقييم الأداء وصنع القرار والتخطيط الاستراتيجي. ونموذج دعم القرار يشتمل على مكونات لإدارة قواعد المعلومات وبناء النماذج والتفاعل مع المستخدم ورؤية صانع القرار. وقد أجريت الكثير من الجهود البحثية التطبيقية في كل من هذه المجالات.

ونظراً لاعتماد الإدارة الحديثة حالياً على التقنية المتطورة التي تساعدها على إنجاز أعمالها وتحقيق أهدافها بشكل سريع ودقيق وبأقل التكاليف، فإننا نجد من الضروري أن نتطرق إلى مفهوم شائع – بكثرة هذه الأيام في مختلف دول العالم – يطلق عليه الإدارة الإلكترونية E-Management الذي يعد من عناصر تقنيات المعلومات التي تتطور بسرعة هائلة.

---

[1] علاء السالمي، نظم دعم القرارات، ص233.

ولذلك يتطلب من الدوائر والمنظمات الاستفادة منها في تطبيق الإدارة الحديثة المعتمدة على هذه التقنيات بأسرع ما يمكن لنستطيع أن نسد الفجوة في التقنيات بين دولنا العربية وبين دول العالم المتقدم.

وظهور الإدارة الإلكترونية بهذا الشكل الواسع هو بسبب الإنجازات الهائلة في صناعة الحاسب وبرمجياته المختلفة وثورة الاتصالات وشبكة الإنترنت، وظهور أدوات تطوير نظم المعلومات (نظم إدارة قواعد البيانات)، وكثرة الشركات والمنظمات التي أخذت على عاتقها مهمة تطوير البرمجيات الجاهزة والتي لها علاقة مع الإدارة الإلكترونية.

وترجع بدايات الإدارة الإلكترونية (أتمتة المكاتب) إلى سنة 1960 عندما ابتكرت شركة IBM العملاقة مصطلح معالج الكلمات على فعاليات طابعتها الكهربائية، وكان سبب إطلاق هذا المصطلح هو للفت نظر الإدارة في المكاتب إلى إنتاج هذه الطابعات عند ربطها مع الحاسوب واستخدام معالج الكلمات Word Processing. وأول برهان على أهمية ما طرحته هذه الشركة ظهر سنة 1964 عندما أنتجت هذه الشركة جهازاً طرحته في الأسواق أطلق عليه اسم MT/ST (أي الشريط الممغنط Manegatic Tip، وجهاز الطابعة المختار Seletric Typewrite).

حيث كانت الطابعة مع شريط ممغنط، فعند كتابة أي رسالة باستخدام هذه الطابعة يتم خزن الكلمات على الشريط الممغنط، حيث بالإمكان طباعة هذه الرسالة بعد استرجاعها من الشريط على الطابعة بعد أن نطبع اسم وعنوان الشخص المرسل إليه. وعند النظر لهذه الرسالة نجدها مطبوعة بشكل جيد وواضح، وبالتأكيد فإن هذه العملية قد وفرت جهداً كبيراً، وخاصة عندما يتطلب إرسال نفس الرسالة إلى عدد كبير من الأشخاص المرسل إليهم.

وقد توالى استخدام العديد من التقنيات التي تم استخدامها من قبل إدارة المكاتب، وبدأ طموح الإدارة إلى الاستفادة من هذه التقنيات في تنظيم المكاتب وتقليل استخدام الورق إلى أقل ما يمكن، وأطلق على هذا التطبيق بأتمتة المكاتب.

والإدارة الإلكترونية تستطيع أن تحقق أهدافها عندما تتوفر البنية التحتية لها من الاتصالات والأجهزة والبرمجيات والكوادر المتخصصة، بالإضافة إلى الوعي المعلوماتي لدى الموظفين والمواطنين على السواء. وتحتوي الإدارة الإلكترونية على كافة النظم الإلكترونية الرسمية وغير الرسمية، والتي تتعلق بالاتصالات للحصول على المعلومات من وإلى الأشخاص داخل وخارج المنظمة.

ونستطيع أن نخلص بالتالي إلى أن الإدارة الإلكترونية هي عملية مكننة جميع مهام ونشاطات المنظمة الإدارية بالاعتماد على كافة تقنيات المعلومات الضرورية وصولاً إلى تحقيق أهداف الإدارة الجديدة في تقليل استخدام الورق وتبسيط الإجراءات والقضاء على الروتين والإنجاز السريع والدقيق للمهام والمعاملات لتكون كل إدارة جاهزة للربط مع الحكومة الإلكترونية E-Government لاحقاً.

● **عمل ومكونات الإدارة الإلكترونية:**

إن الإدارة في هذا القرن قد أصبحت تعتمد على أحدث التكنولوجيات، ولا يمكن أن تكون هناك إدارة إلكترونية ناجحة بدون الاعتماد على هذه التكنولوجيا.

والإدارة الإلكترونية تعتمد على المعلومات والاتصالات، ويتكون نظام الإدارة الإلكترونية من:

أ. تطبيقات الإدارة الإلكترونية التي لا تعتمد على الحاسوب.

ب. تطبيقات الإدارة الإلكترونية التي تعتمد على الحاسوب.

ج. قاعدة بيانات.

أما بالنسبة لمدخلات هذا النظام فهي:

أ. موارد مادية داخلية.

ب. المعالجات.

ج. الموارد المادية الخارجية.

د. معلومات من المحيط الخارجي.

أما بالنسبة لكيفية عمل نظام للإدارة الإلكترونية داخل المنظمة فهو يتم من خلال إدخال البيانات بواسطة النظام الفيزيائي للشركة أو المنظمة حيث تتم معالجتها، ومن ثم تدخل إلى قاعدة البيانات.

ويمكن استخدام هذه المعلومات كمدخل للتطبيقات التي تعتمد على الحاسوب والتي تستخدم في أتمتة المكاتب عن طريق التطبيقات التالية:

1. معالجة الكلمات.

2. البريد الإلكتروني.

3. التحاور عن طريق الحاسوب.

كذلك فإن الأتمتة الجديدة تساعد على إنجاز المهام عن طريق الاتصال بين المستفيدين مع بعضهم البعض أو مع البيئة المحيطة عن طريق الحاسوب والاتصالات.

● **معوقات الإدارة الإلكترونية:**

ظهرت الإدارة الإلكترونية كما ذكرنا سابقاً كنتيجة للتطورات المتسارعة في مجال تقنيات المعلومات، ولذلك فهي تعتبر قيد التجارب. ولا بد من وجود مشاكل ومعوقات تقف عثرة أمام تطبيقها، ومن أهم هذه المعوقات ما يلي:

1. عدم وجود وعي حاسوبي ومعلوماتي عند بعض الإداريين الذين يمتلكون قرار إدخال هذه التكنولوجيا مما يؤدي إلى عدم تطبيق هذه الإدارة الحديثة.

2. عدم وجود بنية تحتية متكاملة على مستوى الدولة ككل، مما يعرقل عدم تطبيق الإدارة الإلكترونية في منظماتها.

3. ارتفاع أسعار بعض الأجهزة والبرمجيات الحديثة.

4. اختلاف القياس والمواصفات بالأجهزة المستخدمة داخل المكتب الواحد مما يشكل صعوبة بالربط بينها.

5. ما زالت العديد من الآلات والأجهزة غير قادرة على الاتصال مع الحاسوب، فمثلاً من الصعب ربط آلة النسخ الحالية بالحاسوب.

6. عدم وجود وعي معلوماتي وحاسوبي عند المواطنين، وهذا يشكل عائقاً كبيراً في تطبيق الإدارة الإلكترونية ومن ثم الحكومات الإلكترونية.

7. نظام الإدارة الإلكترونية يحتاج إلى سعات خزينة كبيرة جداً لغرض خزن الرسومات والوثائق والبيانات باختلاف أنواعها، وهذا يشكل معوقاً كبيراً جداً في تطور هذه الإدارة رغم ظهور القرص الليزري والفيديوي بسعاته الواسعة الذي قد يوفر جزءاً لحل المشكلة.

وفي حقيقة الأمر فإن الإدارة الإلكترونية والحكومة الإلكترونية أو التجارة الإلكترونية ونظم دعم القرار في العالم العربي هي إما غير موجودة أو ما تزال في مرحلة طفولتها.

● **فوائد الإدارة الإلكترونية:**

إن اهتمام العالم المتقدم باستخدام تقنيات المعلومات الإدارية لم يأت من فراغ بل نتيجة فوائد كبيرة حصلت. ولذلك بدأت الدول تتسابق في تطبيق الإدارة الإلكترونية في منظماتها، ومن أهم هذه الفوائد التي تنعكس إيجابياً على المدير متخذ القرار والمنظمة:

1. تبسيط الإجراءات داخل هذه المنظمات ينعكس إيجابياً على مستوى الخدمات التي تقدم إلى المواطنين، كما تكون نوعية الخدمات المقدمة أكثر جودة.

2. اختصار وقت تنفيذ إنجاز المعاملات الإدارية المختلفة.

3. الدقة والوضوح في العمليات الإدارية المختلفة داخل المنظمة.

4. تسهيل إجراءات الاتصال بين دوائر المنظمة المختلفة، وكذلك مع المنظمات الأخرى داخل وخارج الدولة.

5. إن استخدام الإدارة الإلكترونية بشكل صحيح سيقلل من استخدام الأوراق بشكل ملحوظ، مما سيؤثر إيجابياً على عمل المنظمة.

6. كما أن تقليل استخدام الورق سوف يعالج مشكلة تعاني منها غالبية المنظمات في عملية الحفظ والتوثيق، مما سيؤدي إلى عدم الحاجة إلى أماكن خزن، حيث يتم الاستفادة منها في أمور أخرى.

7. والإدارة الإلكترونية سوف تؤدي أيضاً إلى تحويل الأيدي العاملة الزائدة عن الحاجة إلى أيدي عاملة لها دور أساسي في تنفيذ هذه الإدارة عن طريق إعادة التأهيل لغرض مواكبة التطورات الجديدة التي طرأت على المنظمة والاستغناء عن الموظفين غير الأكفاء وغير القادرين على التكيف مع الوضع الجديد.

- **دور تقنيات المعلومات الإدارية في الإدارة الإلكترونية:**

إن نجاح الإدارة الإلكترونية يعتمد على عدد من العناصر، وأهم هذه العناصر هي تقنيات المعلومات الإدارية، وأهم هذه التقنيات النظام الحاسوبي والاتصالات. حيث لا يمكن أن تكون هناك إدارة إلكترونية حقيقية بدون هذه التقنيات والتي من خلاله يؤثر على عمل المنظمة من حيث:

1. زيادة الفعالية.
2. توفير الوقت والجهد المبذول.
3. الدقة والسرعة في عملية الإنجاز.
4. تقليل التكلفة.

- **أصل أنظمة دعم القرار:**

تكونت، فكرة نظم دعم القرار في الأصل بتكامل فئات الوظائف الإدارية وأنواع القرارات المختلفة لتشكل نظاماً لدعم القرار. فوظائف الإدارة تتألف من ناحية المبدأ من التخطيط الاستراتيجي (القرارات الإدارية المتعلقة بالمهام والأهداف العامة والأداء على المستوى المتوسط)، والتنظيم الإداري (حيث تقود الإدارة الوسطى المنظمة إلى تحقيق الأهداف). والرقابة العملياتية حيث يقوم المشرف بتوجيه المهام المحددة.

ومن ناحية أخرى وصف (تيربان) مشاكل القرارات بأنها تتراوح من البرمجة (أي المشاكل المحددة والروتينية والمتكررة) إلى غير البرمجة (أي المشاكل الجديدة والحديثة وغير المنظمة أو المستعصية على الحل).

ووفق هذه الرؤية التصورية فإن نظام دعم القرار يكون نظام حاسوبي يتناول مشكلة فيها مرحلة على الأقل شبه منظمة والأخرى غير منظمة. ويمكن تطوير برنامج للحاسب لحل الجزء المنظم (المهيكل) من مشكلة نظام دعم القرار. إلا أن فكر ورؤية صانع القرار يدخل على الجزء غير المنظم، مما يشكل نظاماً مشتركاً بين الإنسان والآلة لحل المشكلات.

- **نظم دعم القرارات وأهميته للإدارة الإلكترونية:**

بالإضافة إلى ما ذكر سابقاً من أهمية لتكنولوجيا المعلومات التقليدية من الحاسبات والبرمجيات والاتصالات والإنترنت في عمليات المساعدة في اتخاذ القرارات. فإن بناء نظم دعم قرارات تتسم بالدقة والموضوعية والاستفادة منها في اتخاذ القرارات المصيرية والاستراتيجية المهمة، يتطلب أن تكون تقنياتها تختلف عن تقنيات النظم التقليدية، وخاصة إذا ما اعتبرنا أن الذكاء الاصطناعي (وهو عمل العقل الحاسوبي) أصبح عنصراً أساسياً فيها، نظراً لدمج النظم الخبيرة وتكاملها مع هذه النظم في (القرن الجديد).

ولذلك فمن المنطقي أن يتم التركيز في عملية البناء هذه على مشكلات اللغة الطبيعية Natural Language Processors (NLP) بصورة موسعة في اتخاذ القرار الإداري، ولهذا السبب يشار في بعض الأحيان إلى النظم الخبيرة بأنها نظم دعم الخبرة التي تتكامل مع نظم دعم القرارات ونظم المعلومات التنفيذية التي تساعد في اتخاذ قرار دقيق وصائب.

ويوجد هناك عموماً سبعة نظم خبيرة مساعدة في عمليات اتخاذ القرارات وهي:

1. النظام الخبير الأول: ويساعد في تصميم تدفق المعلومات إلى المديرين، ويستعان بالنظم الأخرى عندما يتطلب ذلك، عند عدم وضوح المعلومات المقدمة. ويمكن الدعم من خلال العديد من مشغلات اللغة الطبيعية مثل تلخيص الأخبار وفهم الرسائل وترجمة اللغات الأجنبية التي تساعد في عملية اتخاذ القرار.

2. النظام الخبير الثاني: ويلعب دوراً أساسياً في التحليل الكيفي للمعلومات استناداً على الخبرة، وهذا هو بديل الاستعانة بالخبراء في المواضيع التي تتطلب استشارة للقيام في عملية اتخاذ القرارات المهمة.

3. النظام الخبير الثالث: ويساعد بشكل كبير في تعريف المشكلة أو الظرف المطلوب اتخاذ قرار فيه.

4. النظام الخبير الرابع: ويستعان به في عمليات توضيح نتائج التحليل.

5. النظام الخبير الخامس: وله أهمية كبيرة في تحديد البدائل، كما أنه يساعد في عمليتي التطوير والتخطيط.

6. النظام الخبير السادس: وهو يوفر المعلومات في زيادة فرص التنفيذ الناجح، ويمكن استخلاص فوائد رئيسية في مجالات التوضيح والتدريب المطلوبة عند اتخاذ القرار.

7. وأخيراً النظام الخبير السابع: ويعد النظام المساعد في عمليات التحاور، كما يعتبر مفتاح نجاح تنفيذ نظام دعم القرارات، وخاصة باندماجه مع مشكلات اللغة

الطبيعية والأوساط المتعددة المستخدمة في عمليات التحاور، مع المستفيد (متخذ القرار).

كذلك يمكن أن يكون هناك تفاعل بين النظم الخبيرة السبعة السابقة مثلما يفعل الخبراء.

وهكذا يتضح مما تقدم بأن نظم دعم القرارات أصبحت أدوات مهمة في تطبيقات الإدارة الإلكترونية، وخاصة لمستويات الاستراتيجية في المنظمة. وأن هذا القرن سيشهد استخداماً كبيراً لهذه النظم.

- **الاتجاهات المستقبلية لأنظمة دعم القرار:**

ظهرت بدءاً من أوائل التسعينات من القرن الماضي أربعة أدوات قوية لبناء أنظمة دعم القرار، وكانت أول أداة جديدة لدعم القرار هي مستودع البيانات Data Warehouse. وأعقب ظهور مستودع البيانات أداتان جديدتان هما المعالجة التحليلية الآنية (المباشرة) On-Line Analytical Process (OLAP) ، والتنقيب في البيانات Data Mining. أما مجموعة الأدوات الرابعة الجديدة فكانت التكنولوجيا المرتبطة بشبكة المعلومات العالمية Internet.

ولم تكن توجد في أوائل تسعينات القرن العشرين إلا عدة مستودعات للبيانات طورت حسب الطلب. غير أن (أينمون) روج لفكرة مستودعات البيانات كحل لإدماج البيانات المجمعة من عدة قواعد عملياتية للبيانات لدعم صنع القرار الإداري. ومستودعات البيانات هي مجموعة من البيانات التي تتعلق بموضوع واحد، وهي متكاملة تختلف مع الوقت، ولا تتعرض لعدم الاستقرار. أما المعالجة التحليلية المباشرة (OLAP) فهي فئة من تكنولوجيا البرامج تمكن المحللين والمديرين أو صانعي القرار من إمعان النظر في البيانات من خلال الدخول السريع والثابت والتفاعلي إلى مجموعة

واسعة من وجهات النظر في المعلومات التي جرى تحويلها من بيانات خـام لكي تعبر عن الأبعاد الحقيقية للمنظمة كما يفهمها المستخدم.

وفي الواقع تمثل نظم (OLAP) حجر الزاوية في أنظمة دعم القرار، وبعـد نشـوء هذه النظم جرى طرح مجموعة من أدوات الذكاء الاصطناعي والإحصاء تسمى في كليتها بأدوات التنقيب في البيانات واكتشاف المعلومات بهدف إجراء تحليل للبيانات أكثر تعقيداً. وعلى وجه العموم تعمل أدوات التنقيب في البيانات على إيجاد أنماط في البيانات وتستخدم هذه الأنماط لاستنتاج القواعد الداعمة لاتخاذ القرار.

ومن البديهي أن تظهر في العقد الأول من القرن الحادي والعشرين شبكة المعلومات العالمية كأداة بالغة الأهمية في تطوير أنظمة دعم القرار، وكوسيلة قوية من وسائل الاتصالات. ولذلك، فإن نظام دعم القرار القائم على شبكة المعلومات العالمية هو نظام للحاسب يقدم معلومات لدعم القرار أو أدوات الدعم إلى المدير أو المحلل باستخدام متصفح للشبكة العالمية مثل: "إنترنت اكسبلورر Internet Explorer"، ويمكن من هنا باستخدام نظام دعم القرار المعتمد على الشبكة العالمية تقليص الحواجز التكنولوجية، وتسهيل وتقليل كلفة إنشاء أنظمة دعم القرار المبنية على النماذج ومعالجة المعلومات المتعلقة بالقرار.

وقد أسهم الاستخدام المتكرر لأدوات أنظمة دعم القرار المختلفة في صنع القرار وحل المشكلات في نشأة اتجاهات ومداخل جديدة. وأحد هذه الاتجاهات هو زيادة تعقيد أنظمة دعم القرار المرتكزة على النماذج، بالإضافة إلى تطور أنظمة الدعم التعاونية. ونجد على وجه الخصوص نظام دعم القرار الجماعي وهو نظام لدعم القرار مصمم خصيصاً لتسهيل وتقوية النشاطات المتصلة بالاتصال التي يقوم بها أفراد الفريق في إطار عمل تعاوني. وهناك أخيراً أنظمة دعم القرار الفعالة، وهي اتجاه ثالث ومهـم في التطور المستقبلي لتكنولوجيا أنظمة دعم القرار.

خلاصة القول، فإن نظام دعم القرار الفعال هو نظام يعمل فيه الحاسب والمستخدم (صانع القرار) كشركاء في عملية حل المشكلات. ويعتمد هذا النظام عموماً على كل من أساليب الذكاء الاصطناعي وأدوات دعم القرار لتحقيق المشاركة المطلوبة بين المستخدم وأنظمة الحاسب.

- **مشروع الجيل الخامس للحاسبات وعلاقته بنظم دعم القرارات الذكية:**

انتهى مشروع الجيل الخامس سنة 1992 حيث يعتبر هذا المشروع نتاج جهود كبيرة بذلت لغرض تحويل الحاسبات التقليدية إلى حاسبات ذكية. وكان لليابانيين دور أساسي في ذلك، حيث وضعوا الأسس والمكونات اللازمة لهذا الجيل وهي:

- قاعدة المعرفة ونظام إدارتها والتي يمكن أن تعزز قاعدة البيانات.
- قاعدة النماذج.
- نظام إدارة قواعد البيانات.
- اللغات الطبيعية.

وترتبط النظم الخبيرة بمشروع الجيل الخامس بطريقتين وهما:

1. ينظر إلى النظم الخبيرة كتطبيق رئيسي للحاسبات والتي تستخدم مع نظام تشغيل غير اعتيادي أعد من قبل الشركات المتخصصة بالتنسيق مع شركات الحاسبات اليابانية، والذي يتطلب السعة والسرعة الهائلة. وفيها تكثر العمليات المنطقية والحسابية التي تتطلبها المشاكل المعقدة التي تتطلب اتخاذ قرار فيها.
2. الطريقة الثانية التي تربط هذا الجيل مع النظم الخبيرة هو أن هذه النظم ستصبح جزءاً مهماً بها، ومكملاً لها لتحقيق أهدافها في الاستخدامات الاستراتيجية واتخاذ

القرارات الصعبة. وهذا بالتأكيد سيجعل استخدامها يتطلب مستخدمين لهم مهارات التعامل معها ليتمكنوا من الاستفادة من كافة إمكانيات هذه النظم، وستتعامل هذه النظم مع الحوسبة العصبية التي تعتبر المشروع الجديد لليابانيين والذي أطلق عليها الجيل السادس للحاسبات.

وبلا شك فإن ظهور الجيل السادس من الحاسبات سيخلق ثورة في مجالات نظم دعم القرارات الذكية.

الفصل التاسع

الاتجاهات الأخلاقية في صنع القرارات

---

* النظريات والمفاهيم الأخلاقية.
* معايير أخلاقيات إصدار القرارات.

الاتجاهات الأخلاقية في صنع القرارات
Ethical Attitudes in Decision Making

حيث أن أخلاق مشروعات الأعمال تهتم بالدرجة الأولى بتوضيح الالتزامات والمسؤوليات الأخلاقية للمدراء الذين يصنعون القرارات، فلا بد من وجهة نظر أخلاقية في صنع القرارات الفعالة، والمشكلة هنا تقع في التعرف على الأبعاء الأخلاقية للقرارات.

ويعرف القرار الأخلاقي بأنه ذلك القرار الذي تتأثر به مصلحة شخص ما سلباً أو إيجاباً.

وبناء على ذلك التعريف يجادل بعض الأخلاقيون بأن كل قرار يتخذه الفرد خلال حياته يتضمن أبعاداً أخلاقية، إلا أن وجهة النظر هذه تفقد الكثير من مصداقيتها نظراً للحشد الكبير من القرارات اليومية التي يتخذها الفرد. إضافة إلى ذلك هناك قرارات عديدة يتخذها الفرد بناء على أفضليته الشخصية كاختيار البدلة التي سيرتديها في حفل ساهر، أو اختياره للطريق الذي سيسلكه للوصول إلى عمله. فالبعد الأخلاقي قد لا يكون له أثر هنا عند مقارنته بأثر القرار المتخذ على ذات الشخص.

● النظريات والمفاهيم الأخلاقية:

كغيره من الأنشطة العقلية الجيدة يسير علم الأخلاق من النظريات إلى التطبيق في تحليل عملية صنع القرارات. فهناك بعض النظريات والأساليب الأخلاقية، التي ظهرت في كثير من الكتابات والأدب الأخلاقي في المشروعات والأعمال التي تعتبر نظريات رئيسية تتعلق بأخلاقية القرارات وتساعد في التوصل إلى قرار أخلاقي يمكن الدفاع عنه على أسس منطقية وتبين ما إذا كانت الافتراضات عملية أو أنه بالإمكان تبرير القرار، ويصدر من هذه النظريات العامة مبادئ وقواعد على مستويات مختلفة يمكن تطويرها وتطبيقها على قضايا ومشاكل في مجالات محددة.

وإذا ما تدرجنا إلى الأسفل في مستويات المبادئ والقواعد فإنها تصبح أكثر ملائمة لتطبيقها على المشاكل والصعوبات المحددة. ويوجد هناك ثلاث نظريات أساسية في الأخلاق وهي[1]:

1. النظريات الغانية:

ويطلق عليها أيضاً اسم النظريات الهدفية أو النتائجية حيث أنها تتبنى المفهوم القائل أن أخلاقية الفعل أو النشاط يتحدد بشكل رئيسي ـ بنتائج ذلك الفعل، فصحة الأفعال أو عدمها تتحدد من خلال النتائج التي تفرزها تلك الأفعال حيث أن كل شيء في الطبيعة يهدف إلى تحقيق غاية معينة. وقد تعرف الباحثون على عدد من النظريات الغانية وهي:

أ. الأخلاقية الأنانية:

هي التي تفترض بأن صلاحية الفعل أو عدم سلامته الأخلاقية تعتمد كلياً على مقدار الخير أو الشر الذي يصاب به الفرد نتيجة ذلك الفعل بغض النظر عن النتائج على الآخرين.

ب. الأخلاقية الغيرية:

هي التي تتبنى حب الآخرين وأن صلاحية الفعل أو عدم سلامته الأخلاقية تعتمد كلياً على مدى تأثير نتائجه (من خير أو شر) على الآخرين.

وبلا شك فإن "نظريات الغانية" تأخذ في مضمونها كلا من الأخلاقية الأنانية والأخلاقية الغيرية، حيث أنه حتى في الأفعال البطولية التي تبدو غير شخصية في ظاهرها فهي ـ في باطنها ـ لا بد وأن تنطوي على أهداف شخصية وتحقيق غايات فردية. ولذلك فقد أصبحت هذه النظريات تعرف "بالنظريات المنفعية".

---

[1] محمد الصيرفي، مرجع سابق، ص353.

ولذلك فإن صنع القرار المنفعي يتضمن الخطوات الرئيسية التالية:

أ. تحديد الأفعال البديلة المتوفرة في أي حالة قرارية معينة.

ب. تقدير كل من النفقات والمنافع لكل فرد يتأثر بنتائج الفعل.

ج. اختيار البديل الذي يؤدي إلى تحقيق أكبر منفعة (أو أقل كمية من عدم المنفعة).

2. نظريات الواجب:

حيث تؤكد هذه النظريات على أن الأفعال لا تبرر على أساس نتائجها إذ أن هناك عوامل أخرى تحدد سلامة القرار أو عدمه من الناحية الأخلاقية. فالفعل يحتوي ضمنياً على قيم ذاتية بعيدة عن نتائجه، حيث أن هذه القيم ترتكز على الحافز الذي يؤدي إلى ذلك الفعل.

ويرى هؤلاء المنظرون أن الحافز المبني على الواجب يختلف عن ذلك الحافز المبني على المصلحة الشخصية، حيث أن مصدر الواجب قد يتأتي من التعاليم السماوية، والمنطق، والحساسية البديهية، والعُقد الاجتماعية التي يكتسبها الفرد من مجتمعه. وهناك أقوال شائعة للدلالة على الواجب مثل: يجب أن تفي بالوعد، أو يجب سداد الدين. فعدم سداد الدين أو الوفاء بالوعد يعتبر خرقاً للمبادئ الأخلاقية المهمة.

وقد جاءت نظريات "إيمانوئيل كانت" I. Kant لتؤكد بأن الأسس الجوهرية للأخلاق توجد في التفكير العملي وليس في البديهة أو الضمير أو إنتاج المنفعة، فهو يرى أن أي فعل أو مبدأ يعتبر صحيحاً إذا كان له شكلاً، وفي حالة فقدانه لهذا الشكل فإنه يفقد أيضاً صحته الأخلاقية. وقد وضع (كانت) شروطاً من أجل اعتبار الفعل أو المبدأ أخلاقياً، وتتمثل هذه الشروط فيما يأتي:

أ. إمكانية التماسك عالمياً:

فالفعل يعتبر صحيحاً من الناحية الأخلاقية للشخص في موقف معين إذا كان السبب الذي حمله على القيام بهذا الفعل هو نفس السبب الذي يقبله من شخص آخر

يوضع في نفس الموقف. فإذا كان الفعل أخلاقياً لشخص واحد، فلا بد من أن يكون مقبولاً لدى جميع الناس على أساس أنه أخلاقياً. فالفعل الخادع لا يمكن اعتباره مبدأ أخلاقي لأنه لا يمكن تطبيقه عالمياً.

ب. **احترام الآخرين:**

حيث يعتبر الفعل سليماً من الناحية الأخلاقية إذا لم يقم الفاعل باستخدام الآخرين كأداة للوصول إلى مصلحته الشخصية، وإنما يحترم الناس كنهاية في حد ذاتهم. فاستغلال الآخرين، ودون اعتبار لمصالحهم أو حاجاتهم أو طموحاتهم، يجرد الفعل من صفته الأخلاقية.

ج. **الاستقلالية:**

يعتبر الفعل أخلاقياً إذا كان يحترم قدرة الآخرين من الناس في الاختيار بمحض إرادتهم، فالناس يجب أن تتعامل مع بعضها كأفراد أحرار يتساوون في السعي من أجل تحقيق مصالحهم. حيث أن أعمال القوة والإجبار والإكراه لا تحترم حرية الفرد لاختيار ما يريد، وبذلك تكون أعمالاً غير أخلاقية. فالقانون الأخلاقي يفرض نفسه ويثبت مكانته، وكل إنسان يستطيع أن يحدد محتوياته تبعاً للعقلانية والمنطق. والشخص المستقل هو الإنسان الحر من الضغوط الخارجية، ويستطيع أن يتحكم بشؤونه بشكل كامل.

ولذلك فإن الفعل يعتبر ذو قيمة أخلاقية إذا أُنجز من قبل الشخص الذي يمتلك شعور الود الناجمة عن حافز يهدف فقط إلى القيام بعمل أخلاقي يرتكز على مبادئ أخلاقية صحيحة.

3. **نظريات العدالة:**

يوجد هناك عدد من أنواع العدالة التي تتعلق بمنشآت الأعمال. فهناك عدالة التوزيع، وهي التي تهتم بتوزيع المجتمع وأعباءه من حيث التوزيع العادل للسلع

والخدمات المتوفرة للمجتمع من المنظمات الخاصة والعامة، ويشكل هذا النوع من العدالة مشكلة خاصة لمشاريع الأعمال حيث أن المشاريع تعتمد على عدم العدالة (المساواة) كحافز يدفع العاملين إلى زياده في الإنتاج أو التسويق.

وهناك نوع آخر يدعى بعدالة التعويض التي تعنى بالطرق التي يتم بواسطتها تعويض المتضرر من أخطاء يرتكبها الآخرون، فكمية التعويض يجب أن تكون مناسبة للضرر الذي أصاب الفرد المتلقي للتعويض. وهذا النوع من العدالة يتعلق مباشرة بمشاريع الأعمال بسبب ما تتعرض إليه تلك المنظمات من قضايا يدعي أصحابها أنهم تضرروا – بشكل أو بآخر – من السلع التي تنتجها تلك المنظمات.

أما النوع الثالث فهي العدالة التأديبية، حيث أنها تقوم بإيقاع العقوبات والغرامات على فاعل الضرر أو الخطأ. فالمخطئ يجب أن يعاقَب، وخاصة إذا كان الخطأ متعمداً، حتى يعمد الخاطئ إلى تصويب سلوكه. ويتأثر مشروع الأعمال بهذه العدالة من حيث الغرامات التي تفرض عليه نتيجة سلوكه غير الصحيح.

4. نظريات المساواة:

هي نوع من نظريات العدالة وتتبنى الافتراض بأن جميع أفراد العائلة البشرية متساوون في بعض النواحي الأساسية. ونتيجة لهذه المساواة فإن كل فرد منهم له الحق في سلع وخدمات المجتمع مساوٍ لحق غيره فيها. فهذه النظريات تتضمن الرأي بأن جميع السلع والخدمات يجب أن توزع بحصص متساوية بغض النظر عن الاختلافات الفردية بين البشر.

إلا أن هذا الرأي يتغاضى عن حقيقة الاختلافات الفردية بين الناس في نواحي متعددة، وأن بعض هذه الاختلافات هي خصائص ذات صلة وثيقة في تحديد ما يستحقه الفرد مثل خصائص الحاجة والقدرة والمجهود الفردي.

وقد تقدم "جون زولز" بنظرية للمساواة تدعي وجود عقد اجتماعي وهمي، وأنه من خلف (ستار الجهل) يتفق الناس على المبادئ القائلة بأن الأشخاص الأحرار العاقلون الراشدون الذين يسعون إلى تعزيز مصالحهم يقبلون بموقف مبدئي من المساواة. فالمبادئ الصحيحة للعدالة هي التي يتقبلها الناس إذا تمكنوا من اعتبار الحالة الاجتماعية الراهنة بحرية ودون تحيز – من وجهة النظر البعيدة – عن وجود مجتمع حقيقي يقع خلف قناع الجهل.

لذلك فإن قناع الجهل يمنع الناس من إثارة مبادئ المساواة التي تتحيز تجاه الاختلاف في التركيبة الاجتماعية وللقدرات العقلية والخصائص الفردية، فلا أحد يعرف مركزه الاجتماعي، وحصته من الثروة الطبيعية من حيث القدرات والذكاء ومدى قوته الذاتية. وقد لاقت هذه النظرية انتقادات لاذعة أهمها: ما هي المبادئ التي قد يتفق عليها الناس خلف (قناع الجهل)؟ وقد يتفق الناس على قوانين تعرضهم إلى المخاطرة وتسمح لهم بكسب أكبر أو بخسارة فادحة.

كذلك يقدم (وليم فرانكينا) نوعاً آخر من العدالة حيث يقول: إذا لم تتح للناس الذين يتنافسون على السلع والخدمات التي يقدمها المجتمع فرص تحقيق الفضيلة التي هم قادرون على تحقيقها، فإن الفضيلة لن تكون أساساً عادلاً للتوزيع. فإذا كانت الفضيلة هي الخاصة المعنية بالتوزيع فلا بد إذن من توزيع مسبق لظروف تحقيق الفضيلة. فالمساواة في فرص التوظيف، والمساواة أمام القانون، والمساواة في حرية الوصول إلى وسائل التعليم هي اعتبارات مهمة. فالاعتراف بالفضيلة كأساس للتوزيع يعتبر معقولاً إذا ما توافرت الخلفية الكافية عن الظروف التي تقرر مبدأ المساواة.

5. نظريات التحرر:

إن نظريات التحرر في المساواة تؤكد على حقوق الحرية الاجتماعية والاقتصادية. وتتبنى هذه النظريات عمليات وإجراءات وأنظمة محددة للتأكد من أن

حرية الحقوق يعترف بها ضمن الممارسات الاقتصادية، وبما أن المساهمات التي يقدمها الناس للنظام الاقتصادي قد قامت على حرية الاختيار، فإنه بالإمكان اعتبار تلك المساهمات أساساً للتمييز فيما بين الأفراد في توزيع المنافع والأعباء الاقتصادية.

وعليه فإن الأفراد الذين لم يساهموا تجاه الإنتاج الاقتصادي من سلع وخدمات لا يستحقوا المساواة في العائدات الاقتصادية. فالفرد يتمتع بحرية الاختيار لنوع المساهمة التي يريد تقديمها أو منعها، حيث يعتبر ذلك حقاً أساسياً له من حيث امتلاك جهوده أو تشغيلها بالطريقة التي يراها مناسبة.

وقد تقدم (روبرت نزيك) بنظرية الحق أو "الأهلية" في العدالة حيث يقرر وجود بعض الحقوق الأساسية للحرية التي هي حق للفرد ويجب عدم التدخل فيها من قبل الدولة أو أي مجموعة أو منظمة في المجتمع، كما أن الإجراءات الحكومية مسموح بها بالقدر اللازم لحماية تلك الحقوق. وترى هذه النظرية بأن عدالة التوزيع تعتمد على الأسلوب الذي يتبع في تطبيقه، ولذلك فإن مجموعة الممتلكات التي ينتهي بها الفرد يجب ألا تنطلق من بعض الأفكار الغامضة أو غير المحددة للمساواة.

ويقول (نوزيك) أن هناك ثلاثة مبادئ أساسية تهم المجتمع من أجل تأكيد العدالة في توزيع الفوائد والأعباء بين أفراده وهي:

1. مبدأ العدالة في الامتلاك.
2. مبدأ العدالة في نقل الملكية، أي عملية نقل الملكية من جهة إلى أخرى.
3. تقويم العدالة في الامتلاك، وهي عملية تحديد ما يمكن عمله لتصحيح عدم العدالة.

ولا شك فإن موضوع العدالة يقود بطبيعته إلى مفهوم الحقوق الإنسانية حيث حازت كثيراً من الاهتمام خلال العقود الماضية. وقد شهد العالم حركات متعددة تنادي بحقوق الأقليات أو حقوق المرأة أو حقوق الانتخاب والحق في الحياة التي تناهض عمليات الإجهاض وغيرها.

واليوم نسمع كثيراً عن حقوق الإنسان في مختلف أنحاء العالم، ويتضمن إعلان هيئة الأمم المتحدة لحقوق الإنسان ما يلي:

1. حق الامتلاك بصورة فردية أو بالتعاون مع الآخرين.

2. حق العمل، وحرية الاختيار في التوظيف، والحق في ظروف عمل جيدة والحماية من البطالة.

3. الحق في تعويضات عادلة وجيدة تؤمن للعامل وعائلته حياة كريمة.

4. الحق في الانتماء أو في تشكيل نقابة.

5. الحق في الراحة والاستمتاع، ويتضمن ذلك تحديد معقول لساعات العمل وفترات الأعياد بأجر مدفوع.

● **معايير أخلاقيات إصدار القرارات:**

بما أن عملية اتخاذ القرارات هي عملية إدارية بالدرجة الأولى فهي تخضع لمعايير أخلاقية من شأن الأخذ بها تحقيق الأهداف المتوخاه من إصدارها، ولضمان فعاليتها فإنه لا بد من اعتماد المعايير الآتية[1]:

1. النزاهة والحيادية: فيفترض أن لا يكون القرار متحيزاً لفرد أو لمجموعة أفراد أو فئة معينة على حساب آخرين، بل يجب أن يتسم القرار بالعدالة والنزاهة والحيادية وعدم الإضرار بمصلحة فرد أو جماعة أخرى.

2. اعتماد القرار على جمع الإحصاءات واستفتاء العاملين في الميدان: حيث ينبغي ألا يصدر المسؤول قراراته من (برجه العاجي) دون تحسس المشكلات على أرض الواقع فلا يتمكن بالنتيجة من أخذ جميع الظروف والمتغيرات بالاعتبار عند اتخاذ

---

[1] عمر الخرابشة، الشباب وفن اتخاذ القرارات، ص46.

قراراته، وعندها لن يكون القرار معبراً عن الجماعة المعنية به ومعالجاً لهمومها ومشكلاتها، فيتعرض القرار بالتالي للفشل.

3. اعتماد القرار على الشورى والاستفادة من آراء المختصين: حيث أن عملية الشورى تؤدي إلى حصول متخذ القرار على صورة كاملة للوضع من جميع جوانبه، فضلاً عن أن استشارة المختصين والثقاة (الموثوق بهم) من شأنها مساعدة متخذ القرار على تجنب كافة السلبيات المحتملة من القرار.

4. منح المكافآت وتوقيع العقوبات ميدانياً: بحيث ينبغي ألا يتخذ المسؤول قراراته بهذا الشأن من وراء مكتبة بل يكافأ المرؤوس بعد القيام بالعمل الجيد أو يعاقبه ميدانياً بعد ارتكاب المخالفة. وهذا من شأنه أن يعطي تأثيراً عالياً، فالحافز الذي يتلو العمل الإبداعي مثلاً من شأنه تعزيز النهج لدى الآخرين للسير بنفس الخطى الذي اتبعه زميلهم المبدع.

وفي ذات السياق يضيف (ساتي) Thomas Saaty المعايير والاعتبارات التالية للقرار الأخلاقي:

1. توخي الدقة والحقيقة دون تبسيط لصعوبة الوضع القائم: إذ ربما تقوم بعض النظم السياسية بالتطرق لبعض الموضوعات الحساسة في أضيق الحدود وعلى طريقة أنصاف الحقائق دون اعتبار للمتغيرات الحرجة أو تحديد للأولويات. وطريقة التبسيط بهذا الأسلوب قد تكون مفيدة على المدى القصير لكنها حتماً لن تكون ناجحة على المدى الطويل، ولن تقدم إجابات وافية للمشكلات المعقدة وبالتالي فإن عملية معالجتها ستكون أصعب وأكثر كلفة.

2. المرونة في قبول التغيير: وقد يكون ذلك عن طريق التخطيط الجيد والمدروس أو التنفيذ الواعي أو بالاستجابة للأوضاع المستجدة. وهذا المنهج هو عبارة عن عملية تعلّم فقد تكون الاحتياجات الفردية مثلاً هي التي تحدد الحلول على المدى القصير.

3. ضرورة أن يؤدي كل قرار إلى نتيجة تسهم في تحقيق الهدف: فمتخذ القرار لا بد أن يضع نصب عينيه هدفاً يسعى إلى تحقيقه من وراء قراره. فإذا كان الهدف معقداً وصعب التحقيق، فهذا يعني ضرورة البحث عن هدف قابل للتحقيق، وهذا يعني أن تكون الأهداف سهلة وبسيطة، لأن ذلك يعني أن القرارات ستكون شكلية وبسيطة وغير ذات قيمة.

4. عدم التهرب من اتخاذ القرار: رغم أن عدم اتخاذ قرار هو قرار بحد ذاته، إلا أنه قد يكون أسوأ قرار. فهذا يعني هروب من الواقع ولن يؤدي إلى حل المشكلة، بل إنه قد يؤدي إلى تطورها وتفاقمها لاحقاً، الأمر الذي يستلزم مجهوداً أكثر، وقد يكلف ذلك كثيراً.

5. استخدام التفكير الخلاق (المبدع) في عملية القرار: ويعني ذلك التفكير بطريقة جديدة تختلف عن السائد في الأوضاع العادية، فقد يكون حل المشكلة في القيام بعمل غير مسبوق. وعليه فإن على متخذ القرار أن يستخدم تفكيره الخلاق والتخيل والابتكار لتوليد البدائل الممكنة لحل المشكلة مدار البحث.

وفي ذات السياق يمكن القول أن القواعد الأخلاقية للسلوك الأخلاقي في القرار يمكن أن تتمثل في النقاط الآتية[1]:

---

[1] Lee D. & Others, op. cit.

1. تطوير الأهداف التنظيمية، فلا بد من الأخذ بعين الاعتبار السلوك الأخلاقي عند الاختيار بين عدة بدائل للقرار وعند تطبيق هذه الأهداف.

2. وضع اعتبار للسلوك الأخلاقي في عملية تقييم الأهداف.

3. لا بد من اعتبار السلوك عند تطبيق القرار.

خلاصة القول، فإن الأخلاق هي المعيار الأساسي لعملية اتخاذ القرار، والسلوك الأخلاقي

الفصل العاشر

الإبداع والابتكار في اتخاذ القرارات

* خصائص الإداريين المبدعين.

* تطبيقات التفكير الإبداعي.

* معوّقات الإبداع.

* تنمية القدرات الإبداعية الفردية.

* كيف تستطيع المنظمات تعزيز الإبداع.

* اتخاذ القرار فن (خلاصة مقال).

الإبداع والابتكار في اتخاذ القرارات

Creativity & Innovation in Decision Making

إن الإبداع أو الابتكار غالباً ما يكون مكملاً لعملية صنع القرار الرشيد، فالفرد متخذ القرار الفعّال هو بالمحصلة إنسان مبدع أي لديه القدرة على خلق الأفكار الإبداعية الجديدة كحلول للمشاكل خاصةً المعقدة منها.

والإبداع Creativity يعني القدرة على جمع أو اشراك المعلومات بطرق تؤدي إلى أفكار جديدة، فهو يعني ولادة شيء جديد غير مألوف.

- **خصائص الإداريين المبدعين:**

يعتبر الإداري (متخذ القرار) المبدع شخصاً مخالفاً في تصرفاته للنوع التقليدي من الناس، الذين يكرهون التغيير ويفضلون الاستمرار على ما هم عليه من أنماط العمل، ولا يحبون التجريب والإبداع لأنه مرتبط بالمخاطر بل ينظرون أحياناً لظاهرة الإبداع كظاهرة منحرفة أو شاذّة. والمبدع في الإدارة هو في الغالب شخص يحب المخاطرة ويسعى لمعرفة المجهول ودخول مجالات استثمار غير معروفة من قبل، ويحاول دائماً التفكير بطرقٍ جديدة في العمل.

ويرى (تيد) Tidd أن المدير متخذ القرار الذي لا يتّصف بهذه الصفة هو مدير متسلّط يضجر من النقد والنقاش، سريع الامتعاض (الغضب)، غير مخلص بأفكاره.

حيث أن قدرة المدير على الإبداع والابتكار تعتبر من الأمور الهامة اللازمة له في مجال اتخاذ القرارات.

ويتميز الشخص المبدع عموماً بالخصائص التالية[1]:

1. **البصيرة الخلاّقة:** Creative Insight

(1) محمد القريوتي، السلوك التنظيمي، ص263.

ويعني ذلك القدرة على تصور بدائل عديدة للتعامل مع المشكلات وطرح الأسئلة الصحيحة، والتي ليس لها أجوبة موحّدة، وليس غريباً أن يصرف الفرد المبدع وقتاً أطول في تحليل المعلومات أكثر من الوقت الذي يقضيه في جمعها وهو لا يَمَلّ من تجريب الحلول ولا يفقد صبره بسرعة.

2. الثقة بالنفس والآخرين:

فالمبدع لا يستسلم بسرعة، فالفشل شيء يتوقّعه المدير المبدع، ولكن ذلك لا يزيده إلاً تصميماً.

3. القدرة على التعامل مع مقتضيات التغيير:

فالمبدع يتحمّل التعامل مع المواقف الغامضة، وذلك لأنها تثير في نفسه الرغبة في ايجاد الحلول والتي هي هدف متخذ القرار.

4. القدرة على التكيّف والتجريب والتجديد:

وهو يشك بالقضايا التي يمكن أن يعتبرها عامة الناس من المسلمات، وقد يصل الأمر به إلى أن لا يؤمن بالصواب والخطأ المطلق، إذ يعتبر تلك الأمور نسبية تعتمد على المنظور الذي ينطلق منه الإنسان.

5. الجرأة في إبداء الآراء والمقترحات:

وتنعكس هذه الجرأة في مناقشة التعليمات والأوامر الصادرة من المراجع العليا، وهي صفة لا تتوافر في المتملقين الذين لا يتقنون إلا فن ترديد الموافقات والالتزام الحرفي بالتعليمات.

6. الاستقلالية الفردية:

إن الفرد المبدع لا يحب أن تُفرض عليه سلطة الغير كما لا يحب أن يفرض سلطته على الآخرين، وكذلك هو بعيد عن الشللية الضيقة التي تعتبر مصدر تثبيط للروح المعنوية للأفراد العاملين الذين يشكّلون الغالبية العظمى في أي منظمة.

كذلك فإن من الصفات التي يُشار إليها بأنها إبداعية وتساعد المدير على اتخاذ القرار الفعّال ما يلي:

1. يميل المبدعون إلى الفضول والبحث وعدم الرضا عن الوضع الراهن.

2. الالتزام بهدف سامي والتفاني في العمل والقدرة على تقديم الأفكار.

3. التلقائية والمرونة.

4. تشجيع تبادل الرأي والمشاركة والنقد الذاتي.

5. الأصالة عن طريق التحرر من النزعة التقليدية والتصوّرات الشائعة.

6. القدرة على تفهّم المشكلات.

7. وضوح الرؤيا.

● **تطبيقات التفكير الإبداعي:** Applications of Creative Thinking

يستطيع الأفراد المبدعين أن يساهموا في ايجاد أفكار جديدة للمنظمة. ومن الناحية النظرية، يقدم الأفراد أفكاراً إبداعية للمجموعات التي يشاركون فيها، وعندما تحصل المجموعة على هذه الأفكار وتطبّقها فإن المنظمة ستقوم بتنفيذ الاستراتيجيات الأكثر ابتكاراً، وإن فوائد الإبداع والابتكار تظهر فقط عندما تعمل المنظمة في ضوء هذه الأفكار.

حيث أن مجرد الجلوس وراء المكتب وطرح الأفكار هو أمر غير مفيد بحد ذاته، فمثلاً يسمح (كاتالوج) توريد الحدائق بتنفيذ أفكار جديدة، وكذلك طرح أفكار اخرى. وجاءت الإجراءات بعد أن قام أحد المدراء بتنفيذ تجربة مدتها ستة شهور، يقوم فيها بعض الموظفين بتخصيص 8 ساعات في الأسبوع لتطوير أفكارهم في سبيل ايجاد منتجات جديدة، وكان أداء (أربعة) من الموظفين جيداً إلى درجة استطاعت الشركة من تطوير منتجات جديدة لأعمالها. وقد قام المدير – فيما بعد- بتطوير

البرنامج ليضم أغلب الموظفين ولم يتم فقط تشجيع كل الموظفين في التفكير حول الأفكار بل وأيضاً تقوم المنظمة بتعليمهم ما يخص معايير اتخاذ القرار.

وهناك بعض المنظمات المتميزة في استخدام الأفكار الإبداعية، وعندما يتصرّف الموظفين بشكل إبداعي يقومون بالعمل على الأفكار وتشتهر المنظمات بفضل ذلك بالسلوك الإبداعي، ومن الأمثلة على ذلك هو الزعامة الإبداعية لـ (نيك جراهام Nick Graham) مؤسس شركة (جو بوكسر- Joe Boxer) وهي شركة ملابس داخلية حيث يقول:

"إن شركة جو بوكسر ليست شخص بل علامة إنتاج" وكأن لمؤسس الشركة (نك جراهام) فكرة إبداعية بتقديم المنتج على شكل متعة. والقيمة العالية التي وضعها (جراهام) على الابتكار استطاعت تحسين القرارات التسويقية للشركة بشكل كبير، حيث تعتقد الشركة بالابتكار والإبداع فوق كل شيء، وهذه الأمور واضحة من خلال النشاطات التشجيعية للشركة. فمثلاً كان (جراهام) ذو طريقة إبداعية في التسويق، حيث اعطاه ذلك صورة إيجابية وحسنة[1].

- **معوّقات الإبداع:**

إن الإبداع هو احد اشكال التغيير للأفضل فهو يصادف إذن نفس الصعوبات التي يواجهها دعاة التغيير، ولذلك نجد كثيراً من الأفراد المبدعين لا يتسع لهم المجال في مجتمعاتهم، ونجدهم منبوذين فيها وخاصةً في الدول النامية- بحيث يهجرونها في أول فرصة تتاح لهم إلى بيئات يمكنهم فيها إظهار مواهبهم، مما يؤدي بالدول والبيئات التي تخسرهم إلى الحديث لاحقاً عما يسمى بهجرة الأدمغة Brain Train كاحد عوامل التخلّف، ومن أهم معوّقات الإبداع[1]:

---

[1] Daft. R., & Noe R., op. cit, p. 361.

[1] محمد القريوتي، مرجع سابق، ص266.

1. مقاومة الجهات الإدارية وعدم رغبتها في التغيير الذي ترى فيه تغييراً لوضع اعتادت عليه.

2. الالتزام الحرفي بالقوانين والتعليمات والإجراءات:

حيث ينسى كثير من القائمين على إدارة بعض المنظمات أن القوانين والتعليمات هي وسائل ولا تعتبر غايات بحد ذاتها، لذلك نجد أن الرقابة الإدارية في بعض الأجهزة تقتصر على مراقبة التقيّد بالشكليات دون الالتفات لمدى مساهمتها بتحقيق الهدف المرجو منها.

3. عدم ثقة بعض المديرين بأنفسهم:

حيث أن عدم ثقة بعض المديرين بأنفسهم قد يجعلهم يحرصون على اتّباع أسلوب مركزي في الإدارة بحيث يحتكرون حق اتخاذ القرارات ولا يعطون الفرصة لأي نوع من المشاركة من قبل العاملين، بل قد يعمد بعضهم إلى محاولة كتم أنفاس الاشخاص المبدعين حتى لا يكشفوهم أو يُلْفتوا الانظار لقدراتهم مما قد يشهر الموظف صاحب الآراء الجيدة، ويرى بعض المديرين في ذلك تهديداً لهم. ولذلك فهم يفضلون أن تعتمد المنظمة عليهم اعتماداً مطلقاً، رغم ما يضيفه ذلك عليهم من أعباء.

4. سوء المناخ التنظيمي:

إن سوء المناخ التنظيمي يتمثّل بالعلاقات داخل الجهاز الإداري وبنمط الإشراف وأسس الترقية ونظم التقييم والحوافز، فمن الغريب أن يتواجد الإبداع في مناخ تنظيمي غير صحي يُحبط طاقات الإنسان ويحجمها.

5. عدم وجود قيادة إدارية مؤهلة:

حيث أن القيادة الإدارية تعدّ احد العوامل المهمة في حياة أي تنظيم، إذ أنها صاحبة الدور الرئيسي في تحفيز العاملين وتعاونهم معها ومع بعضهم البعض لتحقيق الأهداف المرجوة، فإذا كانت ثقة المرؤوسين بالقيادة الإدارية مفقودة، فإن ذلك يعتبر عاملاً سلبياً ومحبطاً.

6. القيم الاجتماعية السائدة:

فالإبداع يعني التجريب والتفكير بغير المألوف مما يعني أنه قد يتعارض مع القيم الاجتماعية السائدة، مما يسبب أذى ومقاومة لدعاة التغيير، فمعظم المخترعين والعلماء قد لاقوا مقاومة من مجتمعاتهم وذلك لأنهم خالفوا المألوف. ومن المعروف أن المثل يقول إن (الحكمة تأتي مع التقدم في السن) وذلك يعدّ من أهم القيم السائدة في المجتمعات النامية والتي تعرقل كثيراً من الإبداع.

7. الظروف الاقتصادية:

حيث أن سوء الظروف الاقتصادية يعد احد المعوّقات التي تعرقل من الإبداع في التنظيمات الإدارية والتي تتمثل بالأجور والحوافز المادية، مما يدفع الفرد إلى البحث عن وسائل اخرى يمكنه من خلالها تلبية حاجاته الأساسية.

في ذات السياق يرى آخرون أن هناك مجموعة من العوائق الشخصية التي تقف أمام تحقيق الإبداع أو نشأة فرد مبدع قادر على اتخاذ القرار الفعّال، ويمكن إجمال هذه العوائق في الأمور التالية[1]:

الخوف من الفشل، عدم الثقة بالنفس، قلّة المعرفة، صراع الدور، النزاع الهدّام، الضغوط الغير مرغوبة، قلة الطموح، اليأس، الإعتمادية، التشاؤم، التراجع والانسحاب، الخوف من الجديد، عدم القدرة على حل المشكلات، العادات والتقاليد، النمط التقليدي للأداء، انعدام روح الفريق، سوء نظام الاتصالات، عدم توازن السلطة والمسؤولية، اغفال النواحي الإنسانية في التنظيم، سوء استخدام الوقت، انتشار الفساد، الأنانية المفرطة، التعلّق بأهداف بالية، واخيراً إزدواجية المعايير المتبعة في التنظيم.

[1] علي حجة، مرجع سابق، ص145.

- **تنمية القدرات الإبداعية الفردية:**

تتلخّص استراتيجية تنمية المهارات الابداعية باتّباع المنهج العلمي في تشخيص المعيقات للإبداع ومحاولة ازالتها، ولكن بشكل عام هناك عدة مهارات يرى المختصون أنها أساسية في هذا المجال وهي:

1. **تطوير مهارة التحليل والوعي:**

ويتم ذلك بمختلف الابعاد لمعالجة أي موضوع، عن طريق زيادة المناقشات البنّاءة التي تشجّع على طرح الأفكار والاهتمام بآراء الآخرين ومشاركتهم ووضع تصورات للحلول المحتملة.

2. **زيادة الاهتمام بالآخرين وحاجاتهم:**

حيث ينبغي معرفة أن الأفراد يختلفون فيما بينهم، ولكل واحد منهم آراء واحتياجات تختلف عن غيره.

3. **التركيز على التخطيط الاستراتيجي:**

ويتعلّق ذلك بالأهداف العامة وليس بالأمور الإجرائية، والمدير المبدع هو الذي يهتم بايجاد تصوّر مستقبلي يعزز دور المنظمة، ويركز على المسائل الهامة، ويتعامل مع مختلف المستويات، ويعمل على تحفيز الموظفين بالتركيز على نقاط القوة في أعمالهم، ويخصص قسماً كبيراً من وقته للحديث عن الأهداف المستقبلية.

4. **زيادة القدرة على التركيز وحصر الوقت:**

بمعنى مضاعفة القدرة على التركيز وحصر الوقت في الأمور التي يمكن عمل اشياء مميزة فيها وتفويض الأمور البسيطة التي لا تتغير نتائجها كثيراً بغض النظر عمن قام بها. إن مؤشر إمكانيات الإبداع هنا يتمثّل في درجة الاهتمام الذي يحظى به موضوعٍ ما، فكلما زادت درجة الاهتمام كانت إمكانية الإبداع أكبر، ولذلك يجب توزيع الأدوار في العمل على أساس درجة الاهتمام الموجودة لدى العاملين.

5. زيادة القدرة على التكيّف مع التغيير:

ويمكن أن يكون ذلك من خلال اعتباره أمراً حتمياً ومتوقعاً، واعتباره كذلك فرصـة لتجريب ودخول مجالات جديدة.

6. مهارة الصبر:

وتتمثل هذه المهارة بالقدرة على اعادة تقييم الذات، حيث أن مـن شـأن ذلك أن يساعد المدير عـلى تجـاوز الضـغوط اليومية، وتقييم نفسـه عـلى أسـاس دوره الواسـع، وكذلك على تقييم أداء الجهاز مع الثقة في المستقبل.

وفي ذات السياق يرى (برتهارت) احد علماء النفس بأن هناك بعض الاقتراحات لتنمية الإبداع، وقد تكون مفيدة لدى الشخص الذي يرغب في اتخاذ القرار، وهذه الاقتراحات هي:

1. تعود على التفكير في المجالات التي تخلو من التعقيد والأحكام المسبقة.

2. كن ناقداً لأحكامك الشخصية ومنهجية التوصّل إليها كما لو أنها كانت من الآخرين.

3. لا تاخذ الأمور كمسلمات، واستعمل كافة الوسائل المتاحة لتمحيص الأفكار.

4. نمِّ مهارات الاستفسار والملاحظة والتحليل.

5. دع غيرك ممن تعتقد بذكائهم يختبرون ما تتوصل أنت إليه من نتائج.

6. اعطِ نفسك الفرصة لمناقشة الأفكار الجديدة.

• كيف تستطيع المنظمات تعزيز الإبداع:

How Organizations Can Foster Creativity

من أجل تعزيز الإبداع والابتكار فإن المنظمات يمكن أن تشجّع الأفراد على تطوير طاقاتهم الإبداعية، وتزودهم بالمواقف التي تشجّع المجموعات على التفكير الإبداعي، ومثل هذه المنظمات التي تشجّع على التفكير الإبداعي وصفت بأنها ديناميكية ونشيطة، وأنها تسمح للعاملين فيها بالدخول في المخاطر. وتشير الأدلة إلى أن أغلب الموظفين ينتجون أفكار إبداعية من وقتٍ لآخر، وكما هو الحال مع الأنواع الاخرى للتفكير، فمن المهم أن نطوّر هذه القدرة من خلال الممارسة، وهناك بعض التكنيكات التي تستخدم في تطوير التفكير الإبداعي مثل: الاستماع، التفكير الجزئي، والمنطق.

إن دعوة الاشخاص الآخرين في المنظمة للتفكير بشكل إبداعي هو وسيلة سهلة ومنطقية لتعزيز اتخاذ القرارات الإبداعية. كذلك تستطيع المنظمات التشجيع على الإبداع من خلال المديح ومكافأة القرارات الإبداعية، وهذا يتطلب من المنظمات والأفراد تخصيص الوقت للتفكير والتشجيع على درجة معينة من الدخول في المخاطر.

هذا وتستطيع المنظمة زيادة وتنمية القدرات الإبداعية من خلال تنشيط مستوى الذكاء والقدرات الذاتية عن طريق ما يسمى بجلسات العصف الذهني Brain Storming، وهي تقنية تقوم على اتاحة الفرصة للمديرين (أو الأفراد العاملين) من أجل تقديم واقتراح الأفكار بشكل حر وعفوي، حيث يقوم احد الأفراد بعمل قائمة لكل الأفكار (وتميل المجموعة لتكوين أغلب الأفكار إذا اعطي الوقت للمشاركين لكتابة الأفكار بهدوء قبل الحديث عنها بصوتٍ مسموع)، وخلال جلسات العصف الذهني يستطيع الأفراد أن يقوموا ببناء أفكار الآخرين.

والهدف عادةً من هذا الأسلوب هو التشجيع على المشاركة بالأفكار والتفكير المرن، وفي وقتٍ لاحق وبعد اكتمال جلسات العصف الذهني، فإن المجموعة تقيّم الأفكار وعندها ستتمكن من تحديد الأفكار التي تستحق التنفيذ، وقد تجري عليها بعض التعديلات المطلوبة.

كما يمكن استخدام أسلوب حل المشكلات Problem Solving في تنمية الإبداع، ويتلخّص هذا الأسلوب بأن يطلب من المرؤوسين حل مشكلات معينة تتناسب نوعيتها مع مستوياتهم.

خلاصة القول، فإن المدراء متخذي القرار المبدعين يساعدون المنظمة التي يعملون فيها على الوصول إلى التجديد والإبداع لتتبوء مركز الريادة.

- **اتخاذ القرار فن[1]:**

علينا أن نعلم أن القرار يحدد المصير، والقرار يجب أن يكون قاطع حتى يستمر، فمثلاً إنك لن تأكل حتى تجوع، وعندها قرر قرار قاطع، فلا يوجد شيء على هذه الأرض يستطيع أن يتغلّب عليك ولا تنسى أن تناول الطعام بدون جوع مرض.

تذكر القاعدة التي تقول: (ليس المهم أين تبدأ.. المهم أين ستنتهي)، فعلى سبيل المثال ليس المهم أول وظيفة مهنية تشغلها، لكن المهم آخر وظيفة مهنية تشغلها.

وتذكر القاعدة التي تقول (أي شيء ممكن لأي شخص في العالم فهو ممكن لك أيضاً). إن القرار الاستراتيجي يعتمد على تحديد ماذا تريد بالضبط، ثم افعل ما تريد، قيِّم بعد ذلك ما فعلت، طوّر الفعل، وعد لمجرى الفعل بعد تغيره، ولا تنسى- أن تفكر بالنتيجة قبل القيام بالفعل، حتى تكون افعالك عقلانية.

ماذا تفعل اليوم؟ علينا أن نقرر ما يلي:

1. الاقتراب أكثر من الله سبحانه وتعالى: طاعته والالتزام بتعاليمه.

---

[1] إبراهيم الفقي، (خلاصة مقال – منشور على شبكة الإنترنت): اتخاذ القرار فن.

2. الاهتمام بالصحة: إذا لم تعتني بصحتك أنت فمن يعتني بها إذاً، إمشي- كـل يـوم، تنفس بالطريقة الصحيحة، ابتعد تماماً عن التدخين

3. اهتمّ بنفسك: ثقّف ذاتك، واقرأ الكتب واحضر المحاضرات، نمّي نفسك. (تم انفـاق 2 مليار دولار في العالم العربي على التنمية البشرية العام 2006، وهو رقم بسيط أمـام ما ينفقه الغرب على ذلك).

4. كن افضل مع محيطك: كن متميزاً في عملك حتى لو لم تكـن تحبـه كفايـة، واعلـم أن البشر يتساوون مع بعضهم في 4 اشياء وهي:

الحواس الخمس، العقل والفكر، امتلاك 24 ساعة يوميـاً، امـتلاك الطاقـة. ولكـن أسلوب استخدام هذه الاشياء الأربعة هو الذي يحدد نوعية حياتك. واعلم أنه عندما تعرف ماذا تريد ثم تقرر العمل، تساعد النـاس، تطيـع الله وتتوكـل عليـه ستصـل إلى مـا تريد.

أنواع القرارات:

1. قرار في التفكير:

قرر كيف تفكر، وتـذكر القاعـدة: (إذا أردت أن تغيـر واقع حياتك غيّر أفكارك) واعلم أنك تستطيع التحكّم بأفكارك، وأن تغيير التفكير يؤدي إلى تغيير الحياة.

فمثلاً: يقول أحدهم لك: الدنيا مُتعبة.

أجبه: أفكارك هي التي جعلتها تبدو كذلك.

وتذكر أن الـرزق ليس هـو المـادة فقـط، فالصحة رزق، الزوجـة الصـالحة رزق، الذاكرة القوية رزق... الخ، لا تسـمح لأحـد عـلى الاطـلاق أن يتحكّم بأفكارك بـل أنـت تحكّم بأفكاره.

2. قرار في التركيز:

وهنا تذكر أن المخ لا يستطيع التركيز إلا على شيء واحد في وقت واحد، لذلك انتبه لما تقوله لنفسك.

3. قرار في الأحاسيس:

فإذا كنت تكذب فهذا لضعفك، لأنك لا تستطيع أن تواجه الآخرين بالحقيقة، قرّر من اليوم أن لا تكذب مطلقاً لأنك قوي، وتستطيع أن لا تجيب على أي سؤال قد يجبرك على الكذب.

4. قرار في النتائج:

عليك أن تتحمل المسؤولية الكاملة لنتائجك التي حصلت عليها، لأنك أنت من تتحكم بعقلك وبالتالي بتفكيرك ونتائجك.

واحذر من ثلاثة أمور:

أ. اللوم: تحمل مسؤوليتك المطلقة ولا تلم احد على فشلك.

ب. النقد: لا تنتقد الشخص بل انقد سلوكه، لأنك إذا انتقدته سيدافع عن نفسه، وستضطر للدفاع عن نفسك بنقده مجدداً، وهكذا لن تستفيد شيئاً.

ج. المقارنة: لا تقارن نفسك مع أي شخص آخر، بل قارن بين ما أنت عليه اليوم، وأين يجب أن تكون في المستقبل.

5. قرار في الاختيار:

بأي شيء تفعله في حياتك.

6. قرار في اتخاذ المسؤولية الكاملة:

حيث تحمل مسؤوليتك أنت (فجذور القوة الذاتية تكمن في أن تتحمل مسؤوليتك المطلقة)، ومن المهم أن تفكر بالحل لا بالمشكلة، وقرر أن تتقبل ذاتك كما هي.

استراتيجيات اتخاذ القرار الفعّال بوقتٍ قصير:

1. اتخاذ القرار بالقيم: اكتب قيمك الذاتية، ومبادئك التي تؤمن بها، وانظر: هل يتوافـق القرار الذي ستتخذه مع هذه القيم أم لا.

2. عليك أن تنتبه إلى أن الأحاسيس قد تـؤثر عـلى القرارات، والمشـكلة أن القرار المبنـي على المشاعر قرار باطل.

3. اسأل نفسك: ما هي الحالة بالتحديد؟ لتبعد سلطان المشاعر عن اتخـاذ القرار، وهنـا فكر بالأمر، بأبعاده، بتأثيره على حياتك، المهم أن تفكر في الحالة بالتحديد.

4. البدائل: جهّز لنفسك ثلاثة بدائل على الأقل فيما لو فشل اختيـارك هـذا، وضع ثلاثـة احتمالات لكل بديل قد يأخذ وقتاً منك، لكن هذه حياتك... إنها تستحق.

5. الاختيار: هنا قرر وبشكل قاطع ما اخترته ثم اضف الأحاسـيس والمشـاعر، وستشعر بالتقبّل والارتياح لخيارك.

واخيراً توكل على الله واقدِم.

الفصل الحادي عشر

مشاكل ومعوّقات اتخاذ القرارات في الدول النامية

* أولاً: المشاكل والمعوّقات الإدارية.

* ثانياً: المشاكل والمعوّقات البيئية.

* ثالثاً: المشاكل والمعوّقات النابعة من وضع القيادات الإدارية.

مشاكل معوّقات اتخاذ القرارات

في الدول النامية

إن مهمة القيادات الإدارية في الدول النامية في مواجهة المشكلات الإدارية واتخاذ القرارات لحلها تعترضها بعض المعوقات والصعوبات، فقد أكدت التطبيقات العملية في هذا المجال أنه مع وجود عوامل إيجابية تساهم بطريقة أو بأخرى في ترشيد عملية اتخاذ القرارات وتساعد متخذيها في الوصول إلى القرار السليم، فإن هنالك بالمقابل مشاكل وعقبات تعيق الوصول إلى قرارات رشيدة.

وهذه المشاكل والعقبات يكون بعضها إدارية، وبعضها بيئية، وبعضها الآخر إنسانية نابعة من وضع القيادات الإدارية صانعة القرار.

● **أولاً: المشاكل والمعوّقات الإدارية:**

تتعدد وتتنوع المشاكل والمعوّقات الإدارية التي تعترض عملية اتخاذ القرارات في الدول النامية، وقد كشفت التطبيقات العملية على أن أهم هذه المعوّقات الإدارية هي:

1. المركزية الشديدة وعدم التفويض:

حيث أن المركزية الشديدة يترتب عليها عدم رغبة هذه القيادات في تفويض الاختصاصات والصلاحيات للقيادات في الصف الثاني من السلم الإداري، وتبرز هذه المركزية في كثرة الامضاءات والموافقات والشروحات التي تشترط لمصلحة الأعمال ونظاميتها، ثم ضرورة عرض كل صغيرة وكبيرة على المدير، مما يؤدي إلى سيطرة الروتين والروح البيروقراطية.

ويُرجع الكثير من المختصين ظاهرة المركزية في الدول النامية إلى رواسب سياسية واجتماعية خلّفتها عهود السيطرة والاحتلال التي عاشتها هذه الدول وتركت مفاهيم إدارية لا زالت هذه الدول تعاني منها، وذلك لأن اصحاب النفوذ في تلك العهود قد

لجأوا إلى استخدام سلطاتهم المركزية في اتخاذ القرارات وعدم إشراك مرؤوسيهم في ذلك. وذلك بالاضافة إلى طغيان بعض المفاهيم القبلية والتقاليد الموروثة وشيوع الأميّة وتفشي الجهل ونقص في الكفاءات والخبرات المحلية، وغيرها من العوامل التي كانت مبرراً للاخذ بأعلى درجات المركزية في اتخاذ القرارات[1].

إن ظاهرة عدم رغبة القيادات الإدارية في الدول النامية في تفويض السلطات والصلاحيات يعود إلى أسباب عديدة منها: الانقسامات الاجتماعية والسياسية والدينية والقومية التي تقود إلى الارتباط الأسري أو إلى الانتماء الحزبي أو الديني أو القومي، وكلها عوامل تجعل القيادات الإدارية تشعر بعدم الاطمئنان، وتحجم بالتالي عن المبادرة والجرأة خوفاً من إساءة التصرف، مما يجعل تفويض السلطة أمراً غير مرغوباً. وذلك فضلاً عن أن نظرة مجتمعات الدول النامية للسلطة تختلف عن نظرة مجتمعات الدول المتقدمة، ففي حين ينظر إليها في المجتمعات المتقدمة على أنها ظاهرة مصاحبة للمكان أو المركز الذي يشغله الشخص وليس للشخص نفسه، نجد أن المجتمعات النامية -ومنها الدول العربية- تنظر إلى السلطة باعتبارها لصيقة بصاحبها، وهذا الأمر يجعل تفويض السلطة أمراً غير مرغوباً طالما كان في امكان صاحبها التمتّع بها، ويؤدي بالتالي إلى المركزية الشديدة في اتخاذ القرارات[2].

ومن الوسائل الفعّالة هنا للحدّ من ظاهرة المركزية هو تدريب القيادات صانعة أو متخذة القرار على تفويض السلطات والصلاحيات للمرؤوسين باستخدام أساليب التدريب المناسبة كدراسة الحالات وتمثيل الأدوار، بالاضافة إلى توفير سبل الطمأنينة للمرؤوسين بهدف تشجيعهم على قبول تفويض بعض السلطات، وحسن استخدام الوقت الذي يعد عنصراً هاماً ومؤثراً في التخفيف من حدة المركزية.

---

[1] عامر الكبيسي، المعوّقات الإدارية في الدول النامية والطريق إلى حلها، ص93.

[2] نواف كنعان، مرجع سابق، ص318.

2. الوضع التنظيمي للأجهزة الإدارية:

حيث تتسم الأجهزة الإدارية في معظم الدول النامية بسمات سلبية تنعكس آثارها السلبية على عملية اتخاذ القرارات ، ومن أهم هذه السمات:

أ. تعدد مستويات التنظيم وضيق نطاق التمكّن للمديرين على مرؤوسيهم: حيث أن ذلك يؤدي إلى كثرة الفواصل بين هذه المستويات، وكذلك بين هذه المستويات الإدارية وقمة الهرم التنظيمي. مما يترتب عليه صعوبة إحكام عمليات التوجيه وصعوبة استخدام أدوات وقنوات الاتصال المختلفة، مما يؤدي إلى اعاقة وصول البيانات والمعلومات إلى مراكز اتخاذ القرارات بالشكل المطلوب وفي الوقت المناسب[1] .

ويرتبط تعدد مستويات الإدارة في التنظيم إلى حد كبير "بنطاق التمكن" الذي يكون للمديرين على مرؤوسيهم، إذ كلما كان نطاق التمكن للمديرين ضيقاً كلما زاد عدد المستويات الإدارية. وعلى الرغم من مزايا نطاق التمكن إلا أن له مخاطر كثيرة على مستوى الإدارات العليا في الأجهزة الحكومية، وهي مخاطر تنعكس آثارها السلبية على عملية اتخاذ القرارات من حيث[2] :

- أن القرارات قد تصبح أقل حكمة، وربما تكون بطيئة بالرغم من أن عدد الساعات التي يعملها الإداري تزيد بحيث تصبح غير إنسانية.
- الميل إلى تعارض القرارات مع بعضها البعض، وهذا يتوقف على الشخص الاخير الذي رآه المدير متخذ القرار قبل اتخاذ القرار مباشرةً.
- يصبح كل تصرف في حكم (الحالة المستعجلة) لكثرة التراكمات والتأخيرات، وذلك يعني أن القرارت التي يتخذها المدير تكون مبنية على أفكار الغير، بدلاً من أن تكون

---

(1) نفس المرجع السابق، ص320.

(2) سيد هواري، مرجع سابق، ص167.

مبنية على أفكاره هو لعدم توفر الوقت لديه حتى يفكر بنفسه أو يفكر مع مستشاريه.

ب. تشتت أقسام ووحدات التنظيم الواحد: لذا فالمطلوب من الإدارة العليا هنا ممارسة اللامركزية الإدارية وتفويض سلطة اتخاذ القرارات لرؤساء الأقسام والوحدات التابعة لمنظمتها، حيث أن مركزية السلطة قد تشل قدرة جميع أقسام ووحدات المنظمة في اتخاذ القرارات الفورية المطلوبة، خاصة إذا كانت المعلومات التي قد تتوافر لدى الأقسام الإدارية المختلفة أكثر واشمل وأدق مما تتوافر لدى الإدارة العليا، وذلك فضلاً عن أن هذه الأقسام والوحدات قد تكون في موقع افضل في تقويم الظروف المحيطة بالعمل، ومن ثم اتخاذ القرارات المناسبة وخاصةً إذا كانت هذه الأقسام والوحدات متباعدة جغرافياً عن مركز الإدارة.

ج. التكرار والازدواجية في اختصاصات وصلاحيات الأجهزة الإدارية: وذلك عائد بالدرجة الأولى إلى عدم وجود فلسفة تنظيمية واضحة لتقسيم الأعمال بين الأجهزة الحكومية المختلفة، وتباين المعايير المستخدمة لمنح الصلاحيات عبر التطور الإداري وما خلّفه من رواسب عالقة من عهود التبعية. ومن الأمثلة على ذلك الغاء إدارة للانتقام من مديرها أو انشاء إدارات جديدة لتعيين مدير عام (لاعتبارات شخصية).

وهنا فإن التنسيق الإداري هو الوسيلة العلمية والعملية التي تُعالج من خلاله هذه الظاهرة وآثارها السلبية[1].

د. وجود التنظيمات غير الرسمية داخل الأجهزة الإدارية: حيث أن وجود مثل هذه التنظيمات التي تعتمد على العلاقات الشخصية قد يكون عائقاً لدى المدير في اتخاذ

---

[1] نواف كنعان، مرجع سابق، ص321.

قراره حين يتحيّز لجهة على حساب اخرى، فيكون عامل ضغط عند المدير يعيقه في اتخاذ قراراته.

3. البيروقراطية وتباين وتعقّد الإجراءات:

إن البيروقراطية Bureaucracy هي مصطلح يوصف به الجهاز الحكومي الذي تكون الرقابة عليه في يد مجموعة من الموظفين الرسميين الذين تحد سلطاتهم من حرية الأفراد العاملين في هذا الجهاز، ومنهم المديرين الذين بيدهم عملية اتخاذ القرار.

كذلك فإن الاجراءات الإدارية المعقدة تشكل عقبة تواجه متخذي القرارات في الدول النامية، حيث أن تعقّد الاجراءات يؤدي إلى فرض قيود على متخذي القرارات، وقد يقضي في أحيانٍ كثيرة على روح المبادأة والابتكار.

أما بالنسبة إلى تباين الإجراءات الإدارية في الجهاز الإداري الواحد بين فترة واخرى أو بين شخص وآخر، والذي يرجع عادة إلى غموض اللوائح والتعليمات أو عدم معرفة متخذي القرارات للقرارات السابقة وانسجامها مع القرارات الجديدة. فإن هذا التباين يؤدي إلى تناقض مضامين القرارات مما يؤدي إلى فقدان ثقة العاملين بقدرة متخذي القرارات على اتخاذ القرارات الصائبة، وإلى تردد المرؤوسين عند تطبيق القرارات وتنفيذها[2].

4. عدم وفرة المعلومات اللازمة لاتخاذ القرار:

حيث كشفت احدى الدراسات الميدانية التي قام بها معهد البحوث التابع لمنظمة الأمم المتحدة في (45) دولة في الثمانينات من القرن الماضي أن نحو 76% من الحالات تتخذ قراراتها بناءً على بيانات ومعلومات غير كافية غالباً[1].

[2] عامر الكبيسي، مرجع سابق، ص 126.

[1] نواف كنعان، مرجع سابق، ص325.

مثل هذا الأمر قد يعود إلى إدعائهم السرية احياناً، أو رغبة منهم في التظاهر بالأهمية أو بالخوف من النتائج غير السارة التي قد تعكسها بعض المعلومات، أو بفعل الضغوط النفسية والاجتماعية.

لذلك فإن الحاجة تبدو ملحة إلى معالجة هادفة للمعلومات تؤدي إلى تداولها بطرق توصلها إلى متخذي القرارات لتمكينهم من اتخاذ قرارات أقرب إلى العملية مما هي عليه الآن. وقد تكون من الوسائل الملائمة لمعالجة هذا الأمر وضع الخطط التي تتضمن التطوير الإداري، وتوفير الوسائل التي يمكن بواسطتها تزويد المستويات الإدارية المختلفة بالمعلومات الصحيحة من خلال تنظيم عملية جمعها وتخزينها والاستفادة منها وتسهيل انسيابها إلى مراكز اتخاذ القرارات بما يخدم اتخاذ القرارات الصائبة.

5. التخطيط غير السليم:

حيث أن وجود هذه الظاهرة يترتب عليه عدم تحديد ووضوح الأهداف لخطط التنمية ويجعل الرؤيا غير واضحة أمام صانعي القرارات في عملية التنبؤ والتوقع بالنسبة للمستقبل عند اتخاذ القرارات، ويمكن علاج هذه الظاهرة من خلال تبني أهداف قائمة على أسس محددة وواقعية وتتفق مع اوضاعها وظروفها وامكانياتها، وأن تراعي تنفيذ الخطط بصورة عملية تدريجية.

* ثانياً: المشاكل والمعوّقات البيئية:

وهذه تنبع غالباً من اعتبارات سياسية واجتماعية وفنية وضغوط وتأثيرات شخصية تمارسها الجماعات الضاغطة أو المنظمات المهنية، ويمكن اجمال أهم هذه المشاكل والمعوّقات البيئية في النقاط التالية:

1. عدم استقرار الأنظمة السياسية:

وهذا الأمر يبدو واضحاً من خلال ما شهدته معظم الدول الافريقية والآسيوية واللاتينية من انقلابات عسكرية بعد استقلالها بفترات زمنية قصيرة حتى أصبحت ظاهرة الانقلابات العسكرية من الظواهر العادية في مجتمعات الدول النامية، ومثل هذا الوضع يُفقد التنظيمات الإدارية في هذه الدول استقرارها واستمراريتها ويخلق مشكلات اجتماعية ونفسية للقيادات الإدارية صانعة القرار وللعاملين الذين قد يشاركون في عملية صنع القرار وفي تنفيذه. ويترتب على ذلك عدم توفر الطمأنينة والاستقرار لهذه القيادات من ناحية، وعدم قدرة القيادات الجديدة التي قد تتولى مراكزها في مراحل التغيير على التحكم في عوامل التغيير أو التلاؤم معها[1].

2. الموروثات الاجتماعية وما يرتبط بها من عادات وتقاليد:

حيث أن هنالك الكثير من الاوضاع والظواهر الإدارية السلبية النابعة من العادات والتقاليد السائدة في مجتمعات الدول النامية والتي تنعكس آثارها على عملية اتخاذ القرارات، وأهم هذه الظواهر[2]:

أ. الموروثات الاجتماعية المختلفة التي نتجت عن السيطرة الاستعمارية على هذه الدول في عهود الاحتلال، فقد أثبتت الدراسات الميدانية التي أجريت في بعض الدول النامية -كالهند وباكستان ومعظم الدول العربية- أن الكثير مما تركته الدول

---

(1) نفس المرجع السابق، ص330.

(2) عامر الكبيسي، مرجع سابق، ص16.

الاستعمارية من أساليب وإجراءات وعادات في الأنظمة الإدارية المحلية خلال فترة الاحتلال لا يزال معمولاً به رغم نيل هذه الشعوب لاستقلالها وتحريرها منذ سنوات طويلة.

ب. التركيب الطبقي وتفاوت المستويات الاقتصادية السائدة في مجتمعات هذه الدول، وتأثير ذلك على نظم التعيين والترقية وعلى خلفية القيادات الإدارية صانعة القرار ومدى تفهمها للأهداف العامة لمجموع المواطنين.

فإذا كانت هذه القيادات مثلاً حكراً لطبقة برجوازية أو ارستقراطية في مجتمع ما نجد أن الجهاز الإداري في ذلك المجتمع يتحول برمته إلى أداة متحيّزة لخدمة مصالح تلك الطبقة وضمان امتيازاتها الاقتصادية والنفعية على حساب المواطنين وسوء ظروفهم المعيشية، وهذا كله يؤثر في القرارات التي تتخذها هذه القيادات ويجعلها أبعد ما تكون عن الموضوعية والرشد.

ج. بعض العادات والتقاليد والأعراف وانماط السلوك الاجتماعي السائدة في معظم مجتمعات الدول النامية، وآثارها السلبية على عملية اتخاذ القرارات بشكل خاص، ومن أبرز الظواهر السلبية الناتجة عن هذه الاوضاع ما يلي:

- الوساطات واشكال المحاباة التي تتم بدوافع حزبية أو طائفية أو مذهبية، وتؤدي إلى اقتحام هذه الأمور في العمل الإداري وعلى حسابه خاصة في عملية اتخاذ القرارات.

- بعض انماط العلاقات الاجتماعية والأعراف الاجتماعية التي تؤدي إلى تحول بعض القرارات إلى شعارات، كالقرارات القاضية بمنع الزيارات الخصوصية في مكان العمل أو منع تعقيب المعاملات وغيرها من القرارات التي اصبحت لا تعني شيئاً بالنسبة لأغلب الدوائر الرسمية.

- الاحتكاك بين المصالح العامة والمصالح الخاصة الذي يكون سببه غالباً الانحراف، ويؤدي إلى تبدل القرار من قرار يخدم المصلحة العامة إلى قرار شخصي على حسابها مما يؤدي إلى ظهور مظاهر الرشوة والفساد.
- شيوع بعض انماط السلوك الاجتماعي في مجتمعات الدول النامية وانعكاس هذه الانماط من السلوك على العاملين في الأجهزة الإدارية، ومن أمثلة هذه الانماط: المحسوبيات التي تعتبر ضرب من النخوة والاعتزاز بالنسب، وردّ الجميل للصديق عن طريق تمشية مصالحه، وتفشّي بعض الصفات اللاأخلاقية كالكذب والانتهازية واللامبالاة وعدم الشعور بالمسؤولية وعدم احترام المواعيد والحديث عن الغير وحب السيطرة والتملّق والاتكالية وغيرها من الانماط السلبية التي تنعكس على عملية اتخاذ القرارات.

ولعلاج مثل هذه الظواهر ينبغي أولاً الاعتراف بوجودها وتلمّس واقعها، وثم العمل على اختيار القيادات الإدارية الكفؤة والقادرة على تفهم الظروف المحيطة بالعمل، والعمل على احداث التغيير والتطوير في بنية الأجهزة وتحريرها من الظواهر السلبية وانماط السلوك السيئة والممارسات اللاموضوعية.

3. **غموض وجمود الأنظمة واللوائح:**

بما أن لهذه الأنظمة واللوائح دوراً هاماً في تنظيم العلاقات بين أفراد الجهاز الإداري لتمكينه من ممارسة نشاطاته وتحقيق أهدافه، وفي مجال اتخاذ القرارات تحدد هذه الأنظمة واللوائح سلطات وصلاحيات المديرين والسياسات التي يجب الالتزام بها في اتخاذ قراراتهم. إلا أن هذه الأنظمة واللوائح يمكن أن تكون عائقاً خطيراً يحول دون تمكين المدير من اتخاذ القرار الفعّال حين تتصف بما يأتي[1]:

---

(1) سيد هواري، مرجع سابق، ص572.

أ. جمود وتعقّد الأنظمة واللوائح: إذ أن عدم مرونة الأنظمة واللوائح بالشكل الذي يساعد على مواجهة متطلبات العمل الإداري والاسراع في اتخاذ القرارات المناسبة لحل المشكلات يشكل عقبة رئيسية تحد من سلطة المدير متخذ القرار وتعيق من استخدامه الفعّال لهذه السلطة في مواجهة المواقف الصعبة التي تعترضه واتخاذ القرارات المناسبة لحلها.

ب. غموض اللوائح: الذي يؤدي بمتخذ القرار إلى الاجتهاد في ايجاد البدائل التي يراها مناسبة لحل المشكلة التي تواجهه، فالمدير الذي يواجه مشكلة خاصة بترقية احد موظفين اثنين في إدارته يستحقان الترقية في الوقت الذي توجد فيه درجة واحدة ولا توجد لائحة صريحة في هذا المجال، يمكنه أمام هذا الموقف طرح عدة بدائل منها: اختيار الشخص الذي يعتقد أنه كفء في الانتاج أو الشخص الذي يحقق الانسجام مع المجموعة العاملة أو رفع الموضوع إلى الرئيس الأعلى للتصرف وغير ذلك من البدائل، وكل هذه الجهود التي بذلت لحل المشكلة كان يمكن الاستغناء عنها في حال وجدت نصوص صريحة وواضحة تحدد معايير اختيار البديل الأنسب.

ج. كثرة التعديلات والتفسيرات: وذلك لأن الافراط في تعديل وتفسير نصوص الأنظمة يؤدي بالمدير متخذ القرار إلى الاجتهاد في ايجاد الحلول للمشكلات التي تواجهه. والذي يحصل في الواقع العملي أن تتم التعديلات والتفسيرات بشكل متتابع دون اطلاع المديرين عليها، وبناء قراراتهم على أساس النصوص في صورتها قبل التعديل أو التفسير، مما يسبب تناقض وتعارض القرارات مع نصوص الأنظمة واللوائح.

ولا يمكن علاج هذه المعوّقات والصعوبات إلا بمراعاة المرونة والدقة والوضوح عند صياغة الأنظمة واللوائح، ومراعاة أن تكون هذه الأنظمة واللوائح انعكاساً

للواقع البيئي الذي وضعت لخدمته دون الاعتماد على الأنظمة المستوردة من بيئات اخرى.

4. عدم الاستفادة من التقدم العلمي والتكنولوجي في مجال الإدارة:

حيث أنه وأمام الثورة التكنولوجية التي تشهدها الدول المتقدمة، لم يعد هناك مفرّ أمام الدول النامية من الاستفادة من تكنولوجيا الدول المتقدمة في مجال الإدارة بشكل عام واتخاذ القرارات بشكل خاص، حيث يمكن الاستفادة مما قدمته الاختراعات العلمية في هذا المجال مثل الحاسبات الإلكترونية وغيرها.

إلا أن هناك عوائق في نقل التكنولوجيا إلى الدول النامية للاستفادة منها في مجال الإدارة، ويمكن تقسيمها إلى نوعين أساسيين وهما[1]:

1. عوائق تتعلق بالدول النامية الطالبة للتكنولوجيا:

إذ أن هذه الدول تنقصها المعرفة، فهي دول تصل نسبة الأميّة في عدد كبير منها إلى مستويات عالية تصل احياناً إلى 75%، وتنقصها القدرة على الاستيعاب، كما تنقصها الموارد التي تسمح لها باستيراد التكنولوجيا، فضلاً عن وجود سياسة علمية - تكنولوجية محددة.

2. عوائق تتعلق بالدول المتقدمة الناقلة للتكنولوجيا:

ومعها الشركات العالمية المتعددة الجنسيات المسيطرة على تصدير العلم والتكنولوجيا، فهل هي مستعدة مثلاً لنقل التكنولوجيا إلى الدول النامية؟ وإن كانت مستعدة لنقل التكنولوجيا فإلى أي مدى هي مستعدة لذلك؟ وما هي أنواع هذه التكنولوجيا؟

---

[1] نواف كنعان، مرجع سابق، ص336.

* ثالثاً: المشاكل والمعوّقات النابعة من وضع القيادات الإدارية:

إن من أهم المشاكل والمعوّقات المرتبطة بوضع القيادات الإدارية في الدول النامية والتي يمكن أن تنعكس على عملية اتخاذ القرارات يمكن أن نذكر ما يلي:

1. عدم توفر الكوادر القيادية الكفؤة:

حيث تؤكد الدراسات أن الأجهزة الإدارية في الدول النامية عانت ولا تزال تعاني من مشكلة ترك القيادات الإدارية الكفؤة والكوادر الفنية الناجحة للعمل الحكومي بحثاً عن مغريات مادية أو اجتماعية افضل خارج بلادها، حتى أن الكثيرين من علماء الإدارة ينظرون إلى هجرة الكفاءات القيادية (هجرة الأدمغة) على أنها نكسة للتنمية في دول العالم الثالث وبخاصة في الدول العربية، وذلك بسبب ما ينجم عن هذه الهجرة من خسارة في الموارد البشرية العالية المستوى لتحقيق النمو الاقتصادي، ودفع عجلته، والتي تشكل مراكز صنع القرارات في هذه الدول.

هذا ويُرجّح بعض المختصين والباحثين أسباب هجرة الكفاءات من بعض الدول النامية إلى عوامل نابعة من طبيعة البُنية الأساسية للأجهزة الإدارية في هذه الدول، وطبيعة السلطة التي تمارسها قياداتها. فقد اوضحت احدى الدراسات حول (عوامل هجرة الكفاءات الجزائرية) إلى أن الأجهزة الإدارية في الجزائر قد شهدت بعد استقلال الجزائر فراغاً في المناصب الإدارية القيادية بسبب رحيل الفرنسيين، وأن هذا الوضع أدّى إلى صعود فئات من الموظفين المهنيين إلى مناصب عُليا في السلطة بالرغم من افتقار هذه الفئات للمهارات القيادية، وترتب على ذلك أن هذه الفئات جاهدت في الابقاء على مراكزها القيادية، وحاولت سد سبل الترقية أمام القيادات الإدارية التي تليها في السلم الإداري وهي قيادات - رغم صغر سنها- أكثر طموحاً وافضل تدريباً.

وقد أدى كل ذلك إلى شعور مثل هذه القيادات الطموحة بالاستياء والاحباط بدا واضحاً من خلال طلباتها الملحّة من أجل زيادة الرواتب، أو في الحالات القصوى

في فقدان الاهتمام بالعمل والانتقال للقطاع الخاص والهجرة إلى خارج البلاد في نهاية الأمر[1].

2. **عدم سلامة طرق وأساليب اختيار القيادات الإدارية:**

حيث أن هناك بعض السلبيات النابعة من أساليب اختيار القيادات الإدارية في الدول النامية والتي كشفت عنها التطبيقات العملية ومن أهمها[2]:

أ. أن معظم الدول النامية قد لجأت إلى ملئ المناصب القيادية في أجهزتها الإدارية بالعسكريين نتيجة للتغييرات المتعاقبة والانقلابات العسكرية، ووجد هؤلاء القادة أنفسهم في مناصب لا يعلمون الكثير عما تتطلبه من مهارات، فأدى ذلك إلى عدم قدرة هذه القيادات على مواجهة المشكلات المعقدة في ظل مراحل التغيير والتطوير التي تعيشها الأجهزة الإدارية التي يتولّون قيادتها وعدم اتخاذ قرارات سليمة لحلها، فاصبحت بالتالي عملية اتخاذ القرارات عملية مرتجلة وغير موضوعية وعشوائية.

ب. أن معايير اختيار الكثير من القيادات الإدارية في الدول النامية تتحكم فيها عوامل نابعة من طبيعة انماط السلوك الاجتماعي السائدة في مجتمعات هذه الدول مثل المحسوبية السياسية والاجتماعية، وطبيعة النظم العائلية والتركيب الطبقي. وكلها عوامل تتحكم في شغل الوظائف القيادية في هذه الدول.

ففي احيانٍ كثيرة يعتمد اختيار القيادات على قوة النظام العائلي والطبقي، مما يؤثر في متطلبات الوصول إلى المناصب الإدارية العليا في القطاع العام كأن يشترط مثلاً للوصول إلى هذه المناصب الانتماء إلى أسرة أو طبقة معينة.

ج. أن هنالك اتجاهاً يرى أن اختيار القادة المختصين لقيادة مشروعات تنسجم تخصصاتهم مع نشاطاتها يضمن نجاح هذه المشروعات في تحقيق أهدافها.

---

[1] نفس المرجع السابق، ص339.

[2] عامر الكبيسي، مرجع سابق، ص119.

وعليه فإن أنسب القادة لتولّي إدارة أي مشروع يكون نشاطه ذات طابع فني، هو القائد الفني المتخصص في مجال النشاط الفني لهذا المشروع. فاختيار طبيب مثلاً لإدارة مستشفى هو الضمان الوحيد لنجاح المستشفى، واختيار مهندس كيميائي لإدارة مصنع للكيماويات هو الضمان لتشغيل هذا المصنع بكفاءة. بالمقابل فإنه ليس من المناسب أن يتم اختيار القيادات غير المتخصصة لقيادة مشروعات تكون نشاطاتها ذات طابع فني لأن ذلك لن يضمن نجاح أهداف هذه المشروعات.

وبالرغم من أن هذا الاتجاه يلقى قبولاً وتطبيقاً واسعاً في الأجهزة الإدارية ومشروعات التنمية في الدول النامية، إلا أن التطبيقات العملية أثبتت أن اختيار القيادات المتخصصة على أساس فني لا يعني بالضرورة نجاح هذه المشروعات. حيث أن توافر المهارة الفنية لدى القائد (المدير) المتخصص ليس كافياً وحده لتمكينه من الاحاطة بكل النشاطات التي تتم داخل التنظيم، وذلك لأن الموضوعات التي تُعرض عليه ويمارسها ليست كلها فنية بل تشمل جوانب إدارية وإنسانية أيضاً.

3. عدم توفر الاستقرار الوظيفي والاطمئنان النفسي للقيادات الإدارية:

حيث تبدو مظاهر ذلك في خوف القادة من المسؤولية وتردد بعضهم و احجام البعض الآخر عن المبادرة والمواجهة الجريئة للمشكلات الطارئة ورجوعهم المستمر إلى رؤسائهم لاخذ موافقتهم على القرارات التي يتخذونها للإطمئنان على سلامة وصحة هذه القرارات وانسجامها مع الأنظمة.

وقد كشفت التطبيقات العملية عن أن من أهم أسباب خوف أو تردد أو احجام القادة الإداريين في الدول النامية عن اتخاذ القرارات ما يلي[1]:

أ. ضعف كفاءة القائد: مما يحرمه من القدرة على تحديد البدائل والنتائج التي تترتب على كل منها، وبالتالي تقييم البدائل وترتيبها. كما أن نقص خبرته قد يدفعه إلى

---

[1] نواف كنعان، مرجع سابق، 343.

الحرص على اختيار بديل مثالي أو محاولة ارضاء كافة الناس الذين يمسهم القرار، وهو أمر يتعذّر تحقيقه.

ب. خوف القائد من اتخاذ القرارات: وذلك لعدة أسباب منها ما يرجع إلى نشأة القائد أو المحيط الاجتماعي أو المهني الذي يعيش فيه، أو لعدم الاستقرار في الأنظمة الإدارية وكثرة التعديلات والتنقلات، وعدم وضوح الرؤية وغموض الأهداف. بالإضافة إلى خوف القائد من نقد الرأي العام خاصةً في الموضوعات الحساسة، وخوفه من القوى الضاغطة الاخرى التي قد لا تكون راضية عن القرار.

ج. حداثة القائد في العمل: فالقائد الجديد غالباً ما يشعر بعدم الاطمئنان ويميل إلى تأجيل اتخاذ القرار على أمل أن تأتيه ظروف تعفيه نهائياً من عبء الاختيار بين البدائل المعروضة.

وهذه الأسباب هي التي قد تدفع القائد إلى نقل عملية اتخاذ القرار إلى جهة أخرى موازية له (زملاءه مثلاً)، أو دفعها لجهة أدنى (مرؤوسيه)، أو ارجاعها لجهة أعلى (رؤسائه) لتتولّى اتخاذ القرار بدلاً منه. ومن وسائل علاج مشكلة عدم احساس القيادات الإدارية بالاستقرار والاطمئنان عند اتخاذها للقرارات توفير بعض الضمانات المادية والنفسية والاجتماعية لهذه القيادات أهمها:

أ. الضمانات المادية: وذلك من خلال اعادة النظر في أنظمة الحوافز المادية والمعنوية على أسس موضوعية لتتناسب مع مستوى العمل والكفاءة في الأداء وحجم المسؤوليات، وبحيث يتحقق للقيادات الإدارية المستوى المعيشي اللائق والاستقرار الذي يساعده على التفرغ بكل فكره وامكانياته لممارسة مهامه القيادية ومنها اتخاذ القرارات لحل المشكلات الإدارية التي تواجهه.

ب. توفير الجو الملائم للعمل: وذلك بتهيئة البيئة الملائمة للتفكير الخلاّق والمبدع أو الإنتاج المتفوق والحد في نفس الوقت من اهتمام أجهزة الرقابة بالشكاوي التافهة التي تشغل وقت القائد وتستنفذ جهده.

ج. الضمانات الاجتماعية: وذلك بمنح القيادات صانعة القرار الثقة اللازمة لتحس وهي تصدر قراراتها بالاطمئنان مما يدعم لديها روح المبادأة والاقدام على اتخاذ القرارات التي تراها كفيلة بتحقيق الأهداف الفعّالة.

د. توخي أجهزة الاعلام في الدول النامية للصالح العام في تقصّي الحقائق بدقة من مصادرها الرسمية قبل نشر الاخبار والايحاءات التي قد تسيء إلى القيادات الإدارية دون وجه حق، اعتماداً على معلومات غير رسمية أو على شائعات مغرضة إلى غير ذلك. وينبغي على وسائل الاعلام الاهتمام بخلق الوعي الإداري لدى الجماهير (المواطنين)، وابراز الأعمال الناجحة في القيادة لتكون حافزاً للقادة الإداريين على بذل المزيد من الجهود والابتكارات في مجال أعمالهم.

4. اعتماد القيادات الإدارية على الخبرة والاستشارة الأجنبية:

حيث أن نقص الكوادر القيادية والفنية ذات الكفاءة العالية في الدول النامية، وتدني مستوى الوعي الإداري لدى صانعي القرار يؤدي إلى استقدام الخبرات الأجنبية ذات التكلفة الاقتصادية والمالية العالية، والتي قد لا تتناسب مع أعمالها. والذي يحدث في الواقع العملي هو أن تستعين هذه القيادات الإدارية، وتسترشد بخبرات وتجارب وآراء الخبراء والمستشارين والفنيين الأجانب من خلال الآراء والمقترحات والتوصيات المتعددة لحل بعض المشكلات الإدارية التي تواجهها.

وقد ينجم عن استعانة القيادات الإدارية في هذه الدول بآراء ومقترحات الخبراء والمستشارين الأجانب في اتخاذ القرارات في مجالات معينة بعض المخاطر النابعة من

كون هؤلاء الخبراء والمستشارون لا يـدركون أبعـاد المشكلة محـل القرار، وذلك بسبب عدم تفهمهم للعوامـل البيئيـة والحضـارية ذات الأثـر الهـام في فعاليـة القـرارات وسلاستها.

هذا ويرى العديد من الباحثين والمختصين الإداريين أن الخطة المُثلى للاستفادة من الخبراء والمستشارين الأجانب تستلزم أن يقدموا استشاراتهم وتوصياتهم حـول المشـاكل التي يقومون بدراستها إلى فريق آخـر مـن الخبراء والمستشارين الـوطنيين لا إلى القـادة الإداريين مباشرةً. وتكون مهمة هذا الفريق الوطني هي معاودة فحص الدراسـات التي تقـدم بهـا الخبراء الأجانـب، ومـدى موائمتها بمـا يتفـق مـع أحـوال وطبيعـة المجتمـع، والظروف والعوامل السياسية والاقتصادية والحضارية المتداخلـة في الموقـف الـذي خلـق المشكلة محل القرار، وكل هذه عوامل تؤثر في سلامة القرار المتخذ لحلها.

قائمـــــة المراجـــــع

References

● أولاً: المراجع العربية:

1. محمد عبد الفتاح ياغي، اتخاذ القرارات التنظيمية، عمّان: مركز أحمد ياسين، ط1- الاصدار الثاني، 2005.

2. كاسر المنصور، نظرية القرارات الإدارية: مفاهيم وطرائق كميّة، عمّان: دار الحامد للنشر، ط1، 2000.

3. نواف كنعان، اتخاذ القرارات الإدارية (بين النظرية والتطبيق)، عمّان: دار الثقافة للنشر والتوزيع، ط1- الاصدار السابع، 2007.

4. علي خلف حجة، اتخاذ القرارات الإدارية، عمّان: دار قنديل للنشر والتوزيع، ط1، 2004.

5. محمد عبد الفتاح الصيرفي، القرار الإداري ونظم دعمه، الاسكندرية: دار الفكر الجامعي، ط1، 2006.

6. مؤيد الفضل وعبد الكريم شعبان، الموسوعة الشاملة إلى ترشيد القرارات الإدارية (بأسلوب التحليل الكمّي)، عمّان: دار زهران للنشر، ط1، 2003.

7. عبد الحكم الخزامي، فن اتخاذ القرار: مـدخل تطبيقـي، القـاهرة: مكتبـة ابـن سـينا للنشر والتوزيع، ط1، 1998.

8. نادية أيوب، نظرية القرارات الإدارية، منشورات جامعة دمشق، 1993.

9. هيلقا دومند، اتخاذ القرارات الفعّالة، ترجمة: مصطفى إدريس، د. ت.

10. علاء عبد الرزاق السالمي، نظم دعم القرارات، عمّان: دار وائل للنشر، ط1، 2005.

11. سيد هواري، اتخاذ القرارات: تحليل المنهج العلمي مع الاهتمام بـالتفكير الابتكـاري، القاهرة: مكتبة عين شمس، ط1، 1997.

12. عمـر الخرابشـة، الشباب وفـن اتخاذ القرارات، عمّان: المجلس الأعلى للشبـاب، ط1، 2002.

13. سعد الهذلي، مهـارة القائـد الأمنـي في اتخـاذ القرارات في الظروف الطارئـة: دراسـة مسحية على قيادات الطوارئ الخاصـة بالسـعودية، رسـالة ماجستير غـير منشـورة، الرياض: اكاديمية نايف للعلوم الأمنية، 2003.

14. فؤاد الشيخ سالم وآخرون، المفاهيم الإداريـة الحديثـة، عمّان: مركـز الكتـب الأردني، ط6، 1998.

15. محمد فهمي حسين، بحوث العمليات ودورها في اتخـاذ القرارات، الريـاض: مجلـة الإدارة العامة، مارس 1981.

16. خليل الشمّاع وآخرون، مبادئ الإدارة، مطبعة جامعة الموصل، 1985.

17. محمد عبد الرزاق السامرائي، تقدير الرشد في القرارات الاستراتيجية: دراسة تطبيقيـة في المنشآت العامة للمنسوجات الصوفية، رسالة ماجستير غير منشورة، جامعـة بغداد، 1995.

18. محمد عبد الفتاح ياغي، التدريب الإداري بين النظرية والتطبيق، عمّان: مركز أحمـد ياسين، ط2، 2003.

19. محمد قاسم القريوتي، السلوك التنظيمي: دراسة للسلوك الإنساني الفـردي والجماعـي في المنظمات الإدارية، عمّان: المؤلف، ط2، 1997.

20. عامر الكبيسي، المعوّقات الإدارية في الدول النامية والطريق إلى حلهـا، مجلـة العلـوم الإدارية، العدد الثالث، ديسمبر، 1982.

● ثانياً: المراجع الأجنبية:

1. Lee D., Newman P. & Price R., Decision Making in Organizations, Financial Time Pitman Publishing, U.K., 1999.

2. Harrison F., The Managerial Decision Making Process, 5th ed., Boston: Houghton Mifflin Co., 1999.

3. Allison G., Essence of Decision: Explaining the Cuban Missile Crises, Boston: Little Brown Co., 1971.

4. Daft R. & Noe R. , Organizational Behavior, South- Westem Pub., U. S. A, 2001.

5. Simon H., New Science of Man agement Decisions, New York: Harper & Row, 1960.

6. Koontz H. & O'donnell C., Principles of Management, Mc Graw- Hill Co., U. S. A.

7. Drucker P., the practice of Management, London: Murecurry Books, 1965.

* بالإضافة إلى الاستعانة بشبكة المعلومات العالمية (الإنترنت).